Hackl **Qi Gong**

Monnica Hackl

Qi Gong

Heilende Übungen für jeden Tag

IRISIANA

IRISIANA

Die Inhalte des Buches wurden von der Verfasserin nach bestem Wissen erstellt und mit größtmöglicher Sorgfalt geprüft. Sie bieten jedoch keinen Ersatz für eine kompetente medizinische Beratung. Weder Autorin noch Verlag können für eventuelle Nachteile oder Schäden, die aus den im Buch gegebenen Hinweisen resultieren, eine Haftung übernehmen.

Die Schreibweise der chinesischen Bezeichnungen wurde dem allgemeinen deutschen Sprachgebrauch angepasst. Es finden sich daher sowohl Pinyin- als auch Wades-Giles-Umschriften im Text.

Bibliografische Information *Die Deutsche Bibliothek*
Die Deutsche Bibliothek verzeichnet diese Publikation in der Deutschen Nationalbibliografie; detaillierte bibliografische Daten sind im Internet unter http://dnb.ddb.de abrufbar.

Redaktion: Beatrice Braken-Gülke
Umschlaggestaltung: Die Werkstatt München / Weiss · Zembsch, unter Verwendung eines Motivs von Mauritius
Abbildungen: Digital Vision® Ltd.
Illustrationen: EDV-Fotosatz Huber / Verlagsservice G. Pfeifer, Germering
Produktion: Ortrud Müller
Satz: EDV-Fotosatz Huber / Verlagsservice G. Pfeifer, Germering
Druck und Bindung: Druckerei Uhl, Radolfzell am Bodensee
Printed in Germany

ISBN 3-7205-2671-2

Inhalt

1. Qi Gong – die alte Heilkunst der Chinesen

Qi Gong – eine Quelle innerer Ruhe und prickelnder Energie

Qi Gong hält auch den Erkenntnissen der modernen Medizin stand

Kein anderes System der Bewegung führt so schnell und überzeugend zu persönlichem Wohlgefühl wie das chinesische Qi Gong. Schon nach kurzer Übungszeit, ja selbst nach dem allerersten Versuch mit Qi Gong, kommt der Übende mit jener glücklich machenden Kraft, die allem Leben zugrunde liegt, in Berührung. Er erfährt diese universelle Lebensenergie, die von den Chinesen »Qi«* genannt wird, je nach seiner persönlichen Struktur als Wärme, innere Stille, prickelnde Energie oder nie zuvor gekanntes Glücksgefühl. Diesen ersten Erfahrungen folgt dann die Heilung oder Linderung der verschiedensten körperlichen Beschwerden. Die einzige Voraussetzung dafür ist geduldiges, tägliches und korrektes Üben dieser jahrtausendealten Bewegungen, die in den frühen Morgenstunden ausgeführt werden und den ganzen Tag mit hoher Energie erfüllen.

Die Heilerfolge mit dieser uralten Energie führten die chinesischen Forscher der modernen Zeit dazu, Qi Gong wissenschaftlich zu untersuchen. So konnten diese Atem- und Bewegungsübungen nach den Wirren der Kulturrevolution erweitert und durch wissenschaftliche Untersuchungen erläutert werden. Dabei stellte sich heraus, dass diese geheimnisvollen Bewegungen, die sowohl in China wie auch im Westen von einem mystischen Schleier umgeben sind, einen tatsächlich nachweisbaren Einfluss auf messbare Parameter wie Blutwerte, Blutdruck oder Minutenvolumen haben. Wer also heute behauptet, das chinesische Qi Gong sei ein »alter Zopf« ohne wissenschaftliche Grundlage, den es zugunsten der modernen Medizin schnell abzuschneiden gälte, der irrt.

Denn wir sind heute in der glücklichen Lage, ein uraltes Heilsystem zu kennen, das den Kriterien der modernen, westlichen Medizin standhält.

---

* Qi wird »Tschi« ausgesprochen

Das Qi Gong von heute

Qi Gong ist auch im Westen im Trend!

Heute gibt es in jeder größeren Stadt mehrere Schulen, in denen Tai Chi unterrichtet wird, und sogar in den kleineren Orten auf dem Land wird dieses Programm von den Volkshochschulen mit großem Erfolg angeboten. Dabei ist Tai Chi Chuan, das auch unter dem Namen »Schattenboxen« bekannt ist, nur ein bescheidener, wenngleich wohl auch der populärste Teil des ganzen Systems des chinesischen Qi Gong. Es besteht aus einer ganzen Choreographie langsamer Bewegungen, die in jahrelanger, geduldiger Übung erlernt wird. Beinahe jeder westliche Mensch hat inzwischen über das Medium Fernsehen vermittelt bekommen, wie anders sich Chinesen im Vergleich zu uns bewegen, wenn sie etwas für ihre Gesundheit und Fitness tun wollen. Der »Westler« joggt oder turnt in abrupten, schnellen Bewegungen, während der Asiate sich seine Energie in langsamen Übungen herbeiholt. So gab es in den letzten Jahren einige kulturelle Sendungen, die Hunderte von älteren Menschen im Morgengrauen beim Üben zeigten, oder Qi-Gong-Serien, bei denen der Zuschauer mitüben konnte und die mit großem Erfolg ausgestrahlt wurden. Seit einiger Zeit flimmert sogar ein Werbespot über die Mattscheibe, in dem ein Modell mit den sanften und harmonischen Bewegungen des Tai Chi Chuan für Hautpflegeprodukte wirbt.

ACHTUNG!

Eine Kunst, die so viel Gutes bewirken kann, hat sicherlich auch die Möglichkeit, dort zu schaden, wo sie unrichtig und falsch angewandt wird. Sehen Sie sich daher die Lehrer genau an, denen Sie Ihr Vertrauen schenken. Viele von ihnen unterrichten nämlich, nachdem sie nur ein Buch gelesen haben, und geben das Gelesene in Kursen weiter, ohne eigene Erfahrungen mit der Kraft des Qi Gong gemacht oder von den Gefahren auch nur gehört zu haben.

Und nicht nur das – viele private Organisationen bieten Kurse mit Qi Gong an, und etliche asiatische Qi-Gong-Experten, die sich als Meister oder Großmeister bezeichnen, haben sich in den Westen begeben, um uns in die Kunst des Qi Gong einzuweisen. Auch etliche »Westler« haben sich inzwischen zum Lehrer oder Meister gemausert, und so hat der

lernwillige Schüler weniger das Problem, überhaupt Qi Gong lernen zu können, sondern eher die Aufgabe, sich das Passende aus dem großen Angebot herauszusuchen.
Das uralte chinesische System des Qi Gong hat also in den letzten Jahren weites Interesse in den westlichen Ländern gefunden. Und das, obwohl einem nüchtern denkenden Menschen Berichte von der Heilung schwerster Erkrankungen durch einfache Atem- und Bewegungsübungen wie eine typisch orientalische Übertreibung erscheinen. Denn durch regelmäßiges Üben von Qi Gong soll man in guter Gesundheit und Frische sehr alt werden, sodass auch im Alter der Lebensgenuss nicht durch körperliche Beschwerden getrübt wird. Viele hochbetagte Chinesen sind ein lebendes Beispiel dieser These. Zu den schönsten Vergnügen der Qi-Gong-Übenden gehört es, ihr Alter schätzen zu lassen! Und sich darüber zu freuen, fünfzehn bis zwanzig Jahre jünger eingestuft worden zu sein.

Was ist nun dieses Qi Gong?

Die Chinesen entdeckten, dass durch sanfte Bewegungen und Sammlung der Aufmerksamkeit auf bestimmte Körperzonen die Energie im menschlichen Körper intensiviert und reguliert wird. Qi Gong besteht daher aus sanften, sehr langsam ausgeführten Bewegungen, aus meditativen Phasen der Stille, in denen nur der Atem beobachtet wird, und aus der aktiven Lenkung des Atems hin zu bestimmten Körperpunkten und Körperzonen. So bildet der Ausdruck Qi Gong einen Überbegriff, unter dem sich verschiedene »Sportarten« versammeln, wie zum Beispiel das schon erwähnte Tai Chi Chuan, ferner Pa Kua oder Hsing-I, um nur einige von ihnen zu nennen.

Die Übersetzung des Begriffs Qi Gong aus dem Chinesischen lautet schlicht: energetische Arbeit

INFO

Man sollte sich allerdings durch die Stille der Übungen nicht täuschen lassen – sie enthalten trotzdem ein energetisch-dynamisches Potenzial. Sie können es selbst testen, wenn Sie an manchen frühen Vormittagen Qi Gong üben und an anderen nicht: Ihre Energie und Dynamik werden an den Übungstagen auffallend besser sein als an den übungsfreien Tagen!

INFO

Die ältesten Zeugnisse von Qi Gong sind 4000 Jahre alt. Lu Bu Wei schreibt in seinem Buch »Lu Shi Chunqiu« (Frühling und Herbst, zitiert nach Richard Wilhelm):
»Am Anfang des Herrschers Tao Tang staute sich die dunkle Kraft in hohem Grade und sammelte sich in der Tiefe. Der Lauf des Lichtes wurde gehemmt, sodass es sich nicht mehr der Ordnung nach auswirken konnte. Die Stimmung des Volkes wurde trübe und träge. Die Sehnen und Knochen wurden steif und gehorchten nicht mehr. Da erfand er den Tanz, um die Leute wieder zur Bewegung anzuleiten.« Tao Tang ist ein legendärer Herrscher, der dem mythischen Zeitalter zuzurechnen ist. Dieser »Tanz«, so nimmt man an, war eine Vorstufe des Qi Gong.
Im 2000 Jahre alten »Huang Di Nei Jing«, dem Medizinklassiker des Gelben Kaisers, kann man über Qi Gong lesen: »In alten Zeiten gab es einige große Meister, die Himmel und Erde zusammenführten und Yin und Yang kontrollierten. Sie atmeten Vitalenergie (Qi), lebten abgeschieden und konzentrierten sich auf ihr Bewusstsein. Geist und Körper wurden zu einem harmonischen Ganzen.«

INFO

Qi Gong ist eine uralte Methode zur Heilung, die bis heute ununterbrochen angewandt wird. Es aktiviert verborgene Kräfte im Menschen und stärkt Körper und Geist. Auf diese Weise beugt es Erkrankungen vor, kräftigt den Körper, verhindert einen vorzeitigen Alterungsprozess und wirkt lebensverlängernd.

Da Qi Gong aus verschiedenen Übungen besteht, die im Liegen, Sitzen, Stehen oder Gehen ausgeführt werden können, ist es für alle Menschen empfehlenswert. Es lässt schon manifest gewordene Erkrankungen verschwinden, wirkt aber vor allem vorbeugend. Gerade dieser Aspekt wird nun endlich auch von der westlichen Schulmedizin mehr beachtet. Ich

Qi Gong ist der Volkssport der Menschen in China und im übrigen Asien

denke da an westliche wissenschaftliche Untersuchungen, die beweisen, dass allein durch Bewegung der Zucker- und Cholesterinspiegel gesenkt werden kann. In meiner Praxis konnte ich feststellen, dass eine bestimmte Qi-Gong-Art (Hui Chun Gong) nach kürzester Zeit harmonisierend und belebend auf den Hormonspiegel einwirkt und Mangelwerte im Blutbild ausgleicht.

Qi Gong genießt in China ein hohes Ansehen und wird nicht nur von einer kleinen, gebildeten Oberschicht, die etwas von Medizin versteht, ausgeführt. Nein, es ist der »Sport« der Massen. In den chinesischen Parks drängen sich Hunderte von Menschen, um jeden Morgen die Übungen zu tanzen, die ein langes Leben und jugendliche Frische versprechen. Auch heute noch nennt man es in China den »Schlüssel zu Gesundheit und langem Leben«. Qi Gong ist leicht zu erlernen, einfach auszuführen und dennoch sehr wirksam. Es erfordert keinerlei körperliche Kraftanstrengung, sondern eher eine geistige Disziplin, wie beipielsweise Geduld. Die meisten Chinesen führen täglich am frühen Morgen – sogar in der Öffentlichkeit – aus freien Stücken Qi Gong durch, weil sie am eigenen Leibe erfahren haben, dass es ihnen hilft, den ganzen Tag über körperlich frisch zu sein und zu bleiben. Wie ich aus einer Reihe von persönlichen Berichten weiß, bleiben auch im Westen viele Menschen bei ihrer Qi-Gong-Übung, auch wenn die Krankheit, die sie damit heilen wollten, schon längst verschwunden ist. Sie wollen die Spannkraft, die Ruhe und die Frische nicht mehr missen, die sich durch regelmäßiges Üben einstellen.

Allerdings ist es wichtig, Qi Gong ganz korrekt zu erlernen und auszuführen. Wir im Westen sind allzu leicht geneigt, etwas wegzulassen, wenn es uns unwichtig oder nutzlos erscheint. Dabei verkennen wir die jahrtausendelange Erfahrung der Chinesen gerade mit dieser vielseitigen und fein abgestimmten Therapie.

Yin und Yang sind die rezeptive und die strukturierende Kraft, die in einem stetigen Wechselspiel unser Universum und unseren Körper am Leben erhalten. Das bedeutet aber nicht nur einen Ausgleich zwischen kör-

INFO

Nach chinesischer Ansicht wird durch Qi Gong das dynamische Gleichgewicht zwischen Yin und Yang wiederhergestellt.

perlichen und nervlichen Funktionen. Die Bewegungen wirken sich auch auf das Innere des Menschen aus, sein geplagter Geist wird beruhigt, quälende Gedanken verschwinden, und das Tor zu tiefer innerer Erfahrung öffnet sich.

Ein wichtiger Bestandteil: die Meditation

Ohne die Meditation würde sich das Qi Gong nicht wesentlich von anderen Übungen unterscheiden

Die »tiefe Meditation«, von der immer wieder im folgenden Text gesprochen wird, ist ein wichtiger Punkt für das Gelingen von Qi Gong, das ohne diese nur eine rein körperliche Gymnastik bleibt. Sie besteht aus einer gesammelten Aufmerksamkeit. Ablenkenden Gedanken wird keine Beachtung geschenkt, die Atmung wird von selbst fließender, bis man sich selbst vergisst, die ganze Aufmerksamkeit richtet sich nur noch auf bestimmte Energiezonen wie den Dan-Tien- oder Ming-Men-Punkt. So wird durch Stille und Versenkung die heilende Eigenenergie erweckt und wie ein schwaches Pflänzchen gehegt. Gerade auf diese geduldige, liebevolle Pflege der Lebensenergie, des Qi, legen die Chinesen großen Wert. Schon bald verspürt der Übende, dass seine Energie wächst, er fühlt sich wohler und gelassener. In der inneren Stille der tiefen Meditation, diesem Ruhezustand der Gehirnrinde (Cortex), verblassen die äußeren Reize, die wir häufig als quälend empfinden, und das Zellsystem, der Träger aller Lebensinformation, kann sich wieder regenerieren. So können Fehlinformationen bei der Zellreproduktion verhindert oder im Verlauf der Übung wieder repariert werden.

Westliche Menschen verstehen unter dem Begriff »Meditation« eher eine Art der Kontemplation oder Besinnung auf bestimmte geistige oder religiöse Vorstellungen. Die Chinesen benutzen diesen Begriff überhaupt nicht, sondern führen statt dessen ihre »Stille-Übung« aus. Hinter diesem nüchternen Begriff liegt jedoch eine große geistige Disziplin verborgen. Jeder Mensch, der einmal versucht hat zu meditieren, weiß, wie schwierig es ist, innerlich still zu werden und an gar nichts zu denken. Denn gerade dann werden wir unaufhörlich durch unsere alltäglichen Gedanken abgelenkt, die nur darauf zu warten scheinen, sich auf uns zu stürzen. »Was soll ich morgen kochen?« – »Ich wollte doch noch Hans anrufen!« – »Was wohl Maria mit ihrer Bemerkung gemeint hat?« So oder ähnlich banal tönt es durch unser Gehirn, wenn wir uns niedergesetzt haben, um zu meditieren und zu uns selbst zu finden.

Deshalb werden beim Qi Gong die sinnlichen Eindrücke, die von der Außenwelt auf uns einströmen, abgelenkt, indem wir unsere Aufmerksamkeit auf die Bewegung richten oder während der Meditation uns nur locker auf bestimmte Energiezonen des Körpers konzentrieren. Wir sollten diesen Vorgang jedoch nicht mit fokussierender Konzentration verwechseln, die beträchtliche mentale Anstrengung erfordert und daher leicht zu Verkrampfungen führen kann. Mit gleichsam »freischwebender« Aufmerksamkeit verweilt der Übende zum Beispiel auf dem Dan-Tien-Gebiet und geht so der gedanklichen Ablenkung aus dem Weg. Allmählich wird diese »zweite« Aufmerksamkeit zur Gewohnheit und lässt Raum für eine umfassende, erfrischende und regenerative Kraft, die dann körperlich und mental heilend wirken kann.

Der Erfolg durch Qi Gong ist bereits nach kurzer Zeit spürbar

Meiner eigenen Erfahrung nach dauert es nicht lange, bis eine korrekt ausgeführte Qi-Gong-Übung greift. Der Zeitpunkt, an dem sich der individuelle Erfolg der Übung bemerkbar macht, hängt von Art und Verlauf der jeweiligen Störung ab und natürlich auch von der persönlichen Konstitution des betreffenden Menschen. Als Erstes verbessert sich meist die Funktion der Haut, und der Schlaf wird tiefer. Schlafstörungen und Kreislaufstörungen bessern sich als Nächstes. Allmählich stellen sich dann auch die anderen gewünschten Ergebnisse ein. Da Qi Gong ein System zur Regulation und zum Aufbau von Energie ist, kommt es des Öfteren zu einem regulierenden Effekt: So wird beispielsweise durch dieselbe Übung ein hoher Blutdruck niedriger, und ein zu niedriger Blutdruckwert steigt dadurch an.

Investieren Sie ein wenig Zeit!

Qi Gong sollte zu Ihrem täglichen Morgenritual werden

Qi Gong wird nicht nur zur allgemeinen Hebung des Wohlbefindens, sondern auch bei Heilung schwerster Erkrankungen – sogar bei Krebs – eingesetzt. Bei derart schweren Störungen muss der Kranke allerdings täglich mehrere Stunden lang üben, um Erfolg zu haben! Die Menschen in asiatischen Ländern bringen bei der Behandlung solcher Krankheiten eher die nötige Geduld und den erforderlichen Einsatz mit. Uns dagegen erscheint es tatsächlich beinahe wie eine Zumutung, mehrere Stunden täglich mit Übungen zu verbringen, und es besteht viel eher der allgemeine Wunsch, sich vom Therapeuten bedienen zu lassen. Wie das morgendliche Zähneputzen sollten die Qi-Gong-Übungen zum selbstver-

ständlichen Morgenritual gehören – ohne saubere Zähne fühlt man sich nicht frisch, und ohne morgendliches Qi Gong lässt die persönliche Energie zu wünschen übrig. Der Griff zur Pillenschachtel ist in der Tat leichter, als selbst etwas zur eigenen Heilung beizutragen. Wer seine Bequemlichkeit aber erst einmal überwunden hat und nach einiger Zeit mit Erfolg beschenkt wird, der kann mit verständlichem Stolz sagen: »Ich habe meine Kopfschmerzen selbst geheilt.« Es ist ein erhebendes und hoffnungsvolles Gefühl zu spüren, wie im Verlauf der Übung die eigenen Energien anwachsen. Ein herrliches Triumphgefühl steigt im Menschen auf, das ihm versichert:
»Fürchte dich nicht, denn in dir selbst ist die heilende Energie, die dir hilft«.

INFO

In der westlichen und östlichen Auffassung von Bewegungsübungen gibt es grundlegende Unterschiede. Falls Sie sich mit Qi Gong befassen möchten, sollten Sie die vier Grundsätze der chinesischen energetischen Therapie beherzigen:

1. **Die Bewegungen sind äußerst langsam.** Wir würden sagen, es wird im Zeitlupentempo geübt.
2. **Die Atmung bleibt natürlich.** Befolgen Sie genau die speziellen Anweisungen, und unterlassen Sie es, den Atem nach Gutdünken zu dirigieren.
3. **Die Übungen werden ohne jede Anstrengung ausgeführt.** Üben Sie so, als ob Sie eine Marionette wären: Bewegen Sie Ihre Glieder ganz langsam.
4. **Die Aufmerksamkeit bleibt während der Übung auf eine der Energiezonen gerichtet.** Auch dies geschieht nicht mit angespannter Konzentration, sondern eher beiläufig.

Wenn Sie diese Punkte beherzigen, wird Qi Gong auch Ihnen **an jedem Tag** Frische, Heilung und Lebensfreude schenken.

Wir müssen also weg vom westlichen Begreifen des Sports, der für uns immer mit Anstrengung und Leistung verbunden ist. Im Qi Gong wird mit einer körperlichen Leichtigkeit geübt, die ihresgleichen sucht. Die Be-

wegungen sind so langsam und fließend, als würden sie unter Wasser ausgeführt.
Wenn der Schüler sich an diese Anweisungen hält, spürt er bald den Widerstand der Luft, der ihn bei seinen Übungen trägt und hält. Die Feinheit dieser Bewegungen öffnet bestimmte Punkte und Leitbahnen des menschlichen Körpers, die dann das kosmische Qi in sich aufnehmen können. Die Übungen fungieren daher buchstäblich als ein morgendliches Energieritual, durch das Sie Energie in Ihren ganzen Körper aufnehmen – Energie, die Sie nicht nur mit neuer Dynamik und Kraft erfüllt, sondern die Sie auch innerlich ruhig und gelassen werden lässt.

Der Ratschlag einiger Qi-Gong-Lehrer an ihre Schüler: »Üben Sie so, als ob Sie unter Wasser tanzen würden.«

Was Qi Gong alles bewirkt

Qi Gong und Atemtherapie können in China auf eine lange Geschichte zurückblicken. Schon seit alter Zeit wird in der medizinischen Literatur darüber berichtet, denn es stellt einen wichtigen Teil der Traditionellen Chinesischen Medizin dar.

Die Vitalenergie – die Basis unserer Gesundheit – kann durch spezielle Übungen gestärkt werden

Die Atemübungen beinhalten Tu Na (Ein- und Ausatmen), Meditation, Stillsitzen, Atemregulation und Nei Gong (Innere Übung). Dem liegt die Erfahrung zugrunde, dass durch verschiedene vorgeschriebene Körperstellungen und Atem- und Meditationsübungen die Vitalenergie aktiviert wird. Dadurch werden Erkrankungen geheilt und die Gesundheit verbessert. In der Theorie der Traditionellen Chinesischen Medizin (TCM) hat der Begriff Vitalenergie oder Qi viele Bedeutungen. Qi ist die Quelle aller menschlichen Existenz. Wenn ein Leben seinem Ende zugeht, verschwindet auch die Vitalenergie des betreffenden Menschen. Eine starke Vitalenergie erzeugt einen guten Gesundheitszustand, eine schwache Vitalenergie dagegen führt unweigerlich zu mangelhafter Gesundheit und schließlich zu Krankheit. Nun werden aber nicht alle Menschen mit der gleichen, »gerechten« Menge an Lebensenergie geboren, sondern es gibt in dieser Hinsicht beträchtliche Unterschiede. Jeder kennt Personen, die schon als Kinder schwächlich waren und ihr ganzes späteres Leben hindurch sehr anfällig bleiben, während andere bis ins hohe Alter kräftig und vital sind. Durch Qi Gong haben diese vom Glück weniger begünstigten Menschen, die mit einer schwachen Lebensenergie geboren wurden, eine sichere Möglichkeit, diese lebenswichtige Energie in sich aufzubauen. Auch Personen, die durch längere oder schwere Krankheit

und -regulation vornimmt. Es gibt zwölf Hauptmeridiane und acht Sondermeridiane, die sich im ganzen Körper verzweigen.
Diese Haupt- und Nebenkanäle dienen der Blutzirkulation, verbinden die inneren Organe und leiten Störungen so lange weiter, bis wir sie als Krankheitssymptome wahrnehmen. Sie sind tatsächliche, jedoch unsichtbare Bestandteile des menschlichen Körpers, die physiologische, pathologische und funktionelle Informationen weiterleiten. Arbeitet das Netzwerk dieser Kanäle physiologisch normal, dann zirkulieren Blut und Qi sanft im Körper, die einzelnen Organe wirken harmonisch zusammen, und Körper und Geist sind voller Vitalität. Wenn dagegen krankmachende Veränderungen in die Funktionen und Strukturen eindringen, dann geraten Blut und Qi ins Stocken, zwischen den Organen entstehen Dissonanzen, und die Vitalität nimmt ab.

INFO

Qi Gong heilt Erkrankungen und bewahrt einen guten Gesundheitszustand, da es positiv regulierend in das Netzwerk dieser Energie-Kanäle eingreift.

Der Einfluss unserer Emotionen

Negative Gedanken und Gefühle

Ein weiterer Grundsatz der chinesischen Medizin ist, die verschiedenen Teile des menschlichen Körpers als eine organische Gesamtheit zu sehen. Sowohl die Idee des energetischen Gleichgewichts als auch die der Leitbahnen unterstützen diesen Gedanken. Für uns mag es befremdlich klingen, dass auch die Gefühle als Teile des Körpers angesehen werden. Die Chinesen verstehen sie keinesfalls als etwas Seelisches, sie sind ihrer Überzeugung nach nur Ausdruck von ausgeglichenen oder unausgeglichenen Körperfunktionen.
Tatsächlich haben die chinesischen Mediziner jedem Organ eine bestimmte Gefühlsqualität zugeordnet: der Niere Angst und Panik; dem Herzen Ungeduld und Hast; der Leber Zorn und Wut; der Lunge Grübeln und Melancholie; dem Magen Sorgen. Wenn diese negativen Emotionen im Übermaß vorhanden sind, dann schädigen sie das betreffende Organ. Auch in der westlichen Medizin kennen wir teilweise diese Zusammen-

hänge der Psychosomatik: Man spricht beispielsweise von einer »Schockniere« oder davon, dass uns etwas »auf den Magen geschlagen ist«, und wir wissen, wie wichtig die Psychohygiene ist, um gesund zu bleiben.
Auch Qi Gong lebt aus dieser Theorie. Obwohl sich Qi Gong hauptsächlich mit den inneren Ursachen von Störungen beschäftigt, kennt es doch auch äußere Faktoren, die die Gesundheit angreifen können. In der Traditionellen Chinesischen Medizin zählen Gefühle wie Glück, Ärger, Sorgen, Gier, Trauer und Angst zu den inneren Ursachen. Die äußeren Krankheitsfaktoren dagegen sind Zugluft, Kälte, Hitze, Feuchtigkeit, Trockenheit und Nässe.
Ausgeglichenheit ist daher einer der wichtigsten Gesichtspunkte, um gesund zu werden oder zu bleiben. Qi Gong erfüllt Sie am Morgen nicht nur mit der nötigen Energie und Dynamik für den ganzen Tag, sondern es sorgt auch dafür, dass Sie den Anforderungen des Tages gelassen und ausgeglichen gegenübertreten können.

ACHTUNG!

Obwohl Qi Gong im Allgemeinen sehr besänftigend auf die menschliche Seele einwirkt, sollten Sie jedoch niemals üben, wenn Sie selbst gerade gehetzt, gestresst oder wütend sind. Denn durch die Öffnung der Energiekanäle des Körpers leiten Sie diese starke und schädliche Gefühlsenergie dann tief in den Körper hinein. Versuchen Sie also unter diesen Umständen erst einmal auf eine andere Art und Weise den Dampf abzulassen – vielleicht während eines längeren Spaziergangs oder in einem klärenden Gespräch –, bevor Sie Ihre Qi-Gong-Übung wieder aufnehmen.

Ausgeglichenheit fördert unsere Gesundheit

Starke Emotionen wie übermäßige Glücksgefühle, Ärger, Sorgen, Gier, Trauer, Furcht und Schrecken sollen nach Möglichkeit vermieden werden, denn diese Gefühlszustände werden als innere Ursachen für Erkrankungen angesehen. Diese chinesische Auffassung erinnert mich immer wieder an das alte christliche Konzept der Todsünden, zu denen ja nur überstarke Emotionen gerechnet werden. Neid, Gier, Zorn und übermäßiges sexuelles Verlangen gehören beispielsweise dazu. Dass wir vor diesen Todsünden gewarnt werden, hat vor allem seinen Grund darin, dass wir uns selbst damit zerstören können. Ausgeglichenheit heißt hier wie dort das Zauberwort.

Das ist natürlich leichter gesagt als getan – wie vermeidet man schon solche Gefühle, die uns ja aus heiterem Himmel zu treffen scheinen? Es ist jedoch tatsächlich nach einiger Übung und innerer Arbeit an sich möglich, den Zustand der Ausgeglichenheit zu erreichen und – zwar nicht durchgehend, aber doch länger – zu halten. Qi Gong kann Ihnen dabei helfen, dass Sie nicht mehr zum Spielball Ihrer Emotionen werden, allerdings erst, wenn Sie einige Zeit geübt haben. Für westliche Ohren hört es sich ziemlich ungewohnt an, dass auch eine »positive« Emotion, wie Freude, im Übermaß schädlich sein kann. Wer von uns kennt jedoch nicht das Herzklopfen und die Unruhe, die sich nach einer freudigen Überraschung einstellten und uns nicht einschlafen ließen? Und schließlich hört man immer wieder von Menschen, die – als beim Fußball das ersehnte Tor fiel oder als sie in einem Preisausschreiben gewannen – einen Herzinfarkt erlitten: Zu viel Freude schädigt das Herz! An diesem Beispiel bestätigt sich die traditionelle chinesische Auffassung, dass zu viel Freude das Herz-Kreislauf-System angreift.

Aber auch äußere Faktoren wie Wetter oder Ernährung sollten beachtet werden. Wenn Sie im Freien üben, sollten Sie sich einen geschützten Platz suchen, denn Wind, Hitze oder Nässe behindern die Übung.

ACHTUNG!

Bei starken Wetterschwankungen ist, ebenso wie bei heftigen Emotionen, das Üben verboten. Der Grund dafür ist, dass der Körper schon genug damit zu tun hat, sich den Umständen anzupassen und mit sich selbst ins Reine zu kommen. Zu dieser Anpassung braucht er seine Zeit und soll daher in Ruhe gelassen werden.

Eine ausgewogene Ernährung stärkt das Immunsystem

Durch das Rotationsprinzip wird verhindert, dass sich ein Nahrungsmittel im Körper anreichert

Was die Ernährung betrifft, so wird empfohlen, etwas von allen Nahrungsmitteln zu sich zu nehmen, also eine Auswahl von Getreide, Obst, Gemüse und auch ein wenig Fleisch oder Fisch. Essen Sie von allem etwas, aber nur wenig. Die riesigen Fleischportionen des Westens rufen in den meisten Chinesen nur Ekel hervor und sind aus den verschiedensten Gründen auch nicht mehr als gesund und nahrhaft zu betrachten. Nach neuesten, durch aufwändige Labortests bewiesenen Erkenntnissen und Untersuchungsreihen an Tausenden von Patienten wird heute empfohlen, sich an eine Ernährung zu halten, die auf dem »Rotationsprinzip« basiert. Diese Ernährungsform unterscheidet sich von allen bisher üblichen Diätempfehlungen, denn kein Nahrungsmittel wird dabei verboten. Alle Nahrungsmittel sollen jedoch nur einmal innerhalb von vier Tagen verzehrt werden; denn der menschliche Körper benötigt vier Tage, um ein Nahrungsmittel vollkommen zu verdauen und es wieder auszuscheiden. In der Praxis bedeutet das, wenn Sie montags beispielsweise Kartoffeln essen, sollten Sie erst wieder am Freitag Kartoffeln zu sich nehmen. Natürlich betrifft dies alle Nahrungsmittel, auch Milchprodukte, Kaffee oder Eier, unabhängig davon, wie »gesund« sie eingeschätzt werden. Dadurch wird verhindert, dass sich ein ganz bestimmtes Nahrungsmittel im Körper anreichert und zum Allergen wird.
Diese Ernährungsform wirkt sehr wohltuend und kräftigend auf den ganzen Körper, sie stärkt das Immunsystem und regt den Stoffwechsel an. Das Rotationsprinzip wird besonders bei Allergien, Stoffwechselstörungen und hormonellen Fehlregulationen empfohlen. Künstliche und denaturierte Nahrungsmittel, Fertigprodukte, Lightprodukte und übermäßiger Konsum von Milch, Fleisch und Eiern sollten auf der Verbotsliste stehen und vermieden werden.

2. Qi Gong – wie übt man richtig?

Ruhe und Entspannung

Lassen Sie sich nicht ablenken und versuchen Sie, sich vollkommen zu entspannen

Es ist anfangs sicher nicht leicht, während der Qi-Gong-Übung entspannt und ruhig zu sein. Qi Gong setzt sich aus drei Elementen zusammen: der Stellung, der Atmung und der Meditation. All dies soll ganz natürlich und ohne Kraftanstrengung ausgeführt werden. Anfängern fällt es auch nicht leicht, die Übungen freifließend durchzuführen. Nach einiger Zeit verbessert sich jedoch ihr Stil. Klammern Sie sich nicht an starre Maßstäbe, wenn Sie Ihre Übung machen. Auch bei der Atemführung sollten Sie keine Kraft oder krampfartige Anstrengung anwenden, weder bei der natürlichen Atmung noch bei der Bauchatmung. Gewöhnen Sie sich schrittweise und allmählich an all diese Methoden, bis Sie sie schließlich immer besser beherrschen. Versuchen Sie sanft zu einer inneren Sammlung zu kommen, übertreiben Sie nicht, und zwingen Sie sich nicht. Alles verkrampfte Bemühen verzögert nämlich den Vorgang der Entspannung und Heilung nur und rückt das, was Sie wünschen, in weitere Ferne. Haben Sie einfach die Gewissheit, dass Sie mit Sicherheit Ihr Ziel erreichen, wenn es auch anfangs etwas Zeit dazu braucht. Später sind all diese Vorgänge im Gehirn abgespeichert, und schon ein einziger Gedanke daran ruft sie wieder hervor.

Entspannung ist immer mit innerer Stille verbunden, diese Zustände bedingen einander. Entspannung bedeutet, dass Sie innerlich ruhig und Ihre Muskeln locker sind. Dies erzeugt im ganzen Körper ein wohliges Gefühl. Versuchen Sie Ihre Nervosität abzulegen, während Sie sich auf die Atmung oder den Dan Tien (siehe S. 24) konzentrieren, und entspannen Sie sich innerlich. Stille bedeutet, dass Sie lautlos ein- und ausatmen und innerlich gesammelt sind, ohne sich durch äußere Einflüsse ablenken zu lassen. Wenn Sie auf diese Art und Weise üben, werden Sie in tiefe Meditation versinken.

INFO

Unterhalb des Nabels liegt das »Meer der Energie«

Der Dan-Tien-Punkt liegt etwas zweieinhalb Fingerbreit unterhalb des Nabels und etwa ebenso tief im Bauchraum selbst.

Das Dan-Tien-Gebiet unterhalb des Nabels ist nach chinesischer Vorstellung ein Speicher der Energie. Die genaue Lage dieser Zone wird in den verschiedenen Schriften zur chinesischen Medizin und Atemtherapie abweichend geschildert. Der Dan Tien wird zwar im allgemeinen Sprachgebrauch immer wieder als Punkt bezeichnet, doch es handelt sich eher um eine fünfmarkstückgroße Zone, die einen energetischen Speicher bildet. So gesehen ist es nicht von Bedeutung, wenn die Entfernung vom Nabel mit zwei oder drei Fingerbreit angegeben wird. Taoisten sehen den Dan Tien genau unter dem Nabel selbst lokalisiert. Am leichtesten finden Sie diese Zone, wenn Sie Ihre Hand auf den Nabel legen und drei Fingerbreit nach unten messen. Der Dan Tien liegt dann genau unter dem Nabel und auf einer senkrechten gedachten Linie, die den Körper an seiner Vorderseite in zwei Hälften teilt.

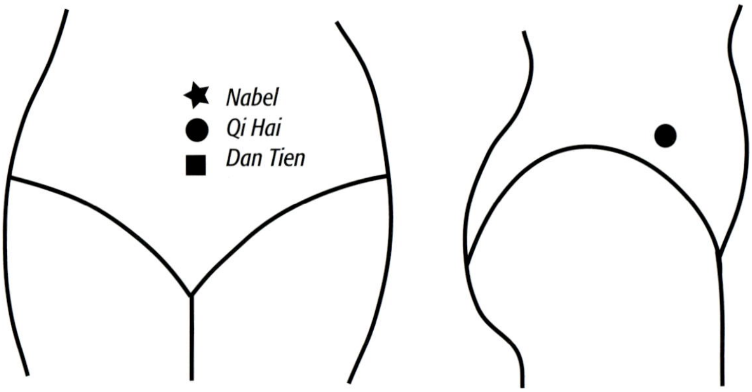

Die Abbildung (links) zeigt die genaue Lage der Energiepunkte Dan Tien und Qi Hai.
Die Abbildung (rechts) zeigt den Dan-Tien-Punkt im Inneren des Bauches.

INFO

In der Akupunktur ist diese Linie als Konzeptionsgefäß oder Jen Mo bekannt. Der Akupunkturpunkt Qi Hai, »Meer der Energie«, liegt eineinhalb Daumenbreit unterhalb des Nabels auf dieser Linie. Es ist anzunehmen, dass diese beiden Energiezentren identisch sind. Sie werden nach einiger Übungszeit bemerken, dass sich die Energie am Dan Tien strahlenförmig ausbreitet und somit den ganzen Unterbauch ausfüllt. Es ist wichtig zu wissen, dass der Dan Tien auch drei Fingerbreit in der Tiefe im Bauch zu lokalisieren ist. Wenn Sie die Aufmerksamkeit nur auf die Hautoberfläche dieser Zone richten, geschieht wenig oder nichts.
Am besten ist es, wenn Sie Ihre eigene Erfahrung mit dieser Energiezone machen und dabei spüren, wie der Dan Tien »aufgeht«. Damit wird das Gefühl von Ausdehnung und Wärme beschrieben, das entsteht, wenn Sie sich intensiv auf diesen Punkt konzentrieren.

Atem und Meditation

Konzentrieren Sie sich auf den Unterbauch, um zur Ruhe zu kommen

Beginnen Sie mit der Lungenatmung. Es gibt verschiedene Atemmethoden, doch alle verlangen langsame, gleichmäßige, sanfte und langgezogene Atemzüge. Wenn Sie schon Erfahrung mit der Übung haben, können Sie noch langsamer werden und zu einer tiefen Bauchatmung übergehen. Als Anfänger sollten Sie versuchen, Ihre schnellen und oberflächlichen Atemzüge allmählich in langsame und tiefe zu verwandeln. Das ist meist nicht in kurzer Zeit möglich. Beschäftigen Sie sich daher zuerst ganz mit der Aufgabe, den Atem zu lenken; nach einiger Zeit werden Ihre Atemzüge wie von selbst langsamer, tiefer und fließender.
Lassen Sie sich während der geistigen Übung nicht von Gedanken ablenken, nur so können Sie in tiefe Meditation versinken. Konzentrieren Sie sich ohne Anspannung auf den Dan Tien, das allein schon bewirkt tiefgreifende Veränderungen im Körper. Anfänglich fällt es den meisten schwer, die gewohnten Gedanken abzustellen, doch wenn Sie eine Zeitlang geübt haben, werden sie von selbst verschwinden, und der tiefe Meditationszustand stellt sich ein.

Die Sammlung auf den Dan Tien ist das Geheimnis der Atemtherapie. Wenn Sie diese Kunst beherrschen, werden Sie sich an guten und anhaltenden Erfolgen freuen. Wenn Sie dagegen nicht die Geduld aufbringen, diese Art der Meditation zu erlernen, bleiben die Ergebnisse ziemlich dürftig. Geduldiges Üben führt jedoch immer zum Erfolg.

INFO

Wie können Sie nun gleichzeitig die Aufmerksamkeit auf Atem und Dan Tien gerichtet halten? Konzentrieren Sie sich anfangs innerlich auf Ihre Atemzüge, damit sich die Atmung zuerst regulieren kann. Wenn Sie darin erfolgreich sind und gleichmäßig tief atmen können, sollten Sie versuchen, den Bauch bei der Ein- und Ausatmung leicht zu heben und zu senken. Wenn Sie das können, dann brauchen Sie sich nicht mehr auf den Atem zu konzentrieren, denn er dringt nun leicht ganz von selbst bis zum Dan-Tien-Punkt hinunter. Es genügt dann, sich innerlich auf den Dan Tien zu sammeln. Auf diese Art und Weise können Sie die Atemübung und die Meditation miteinander verbinden, um Ihr Qi zu kräftigen und um Gesundheitsstörungen zu heilen.

Qi Gong macht glücklich

Wenn Sie während der Übungen ausgeglichen sind, werden Sie sich danach glücklich fühlen

Die Stimmung eines Menschen ist der Spiegel von inneren und äußeren Einflüssen, denen er ausgesetzt ist. Wenn ein Mensch seine Ausgeglichenheit verliert und zum Beispiel depressiv wird, zieht er eher Krankheiten an und kümmert sich nicht mehr um seine Gesundheit. Daher sollten Sie auf Ihre innere Ausgeglichenheit und gute Laune achten, wenn Sie Qi Gong üben, Sie werden sich dann nach der Übung immer glücklich und wohlig fühlen. Dieses Glücksgefühl wird zu etwas Unzerstörbarem aufgebaut, das Sie den ganzen Tag über begleitet, wenn Sie täglich morgens Qi Gong üben.

Ruhe und Bewegung

Am sinnvollsten ist es, Qi Gong mit entsprechenden Pausen zu üben. Führen Sie ein regelmäßiges Leben, schränken Sie die Mahlzeiten auf ein vernünftiges Maß ein, bleiben Sie optimistisch, und sorgen Sie dafür, dass Sie genügend Bewegung haben. Beachten Sie diese Punkte auch in Ihrem Alltag. Verbinden Sie die Qi-Gong-Übung jedes Mal mit den entsprechenden Pausen. Wenn Sie beispielsweise die »Innere ernährende Übung« (siehe S. 46 ff.) oder die »Belebende Übung« (siehe S. 54 ff.) ausführen, hören Sie mit der Atemübung oder der Sammlung auf den Dan Tien nach einer halben Stunde auf und bleiben noch zehn Minuten ganz entspannt liegen. Nach dieser Pause können Sie dann weitermachen, wenn Sie möchten. Abwechselnde Übungs- und Ruhephasen führen zu guten Ergebnissen. Wenn Sie schon eine beträchtliche Zeit mit dem Üben von Qi Gong verbracht haben und sich tatsächlich nach jeder Übung leicht und wohlig fühlen, dürfen Sie Ihre Übungszeit auf eine Stunde ausdehnen. Das kommt meist nur für Personen in Frage, die nicht mehr arbeiten müssen oder so krank sind, da sie diese Zeit gerne für ihre Gesundheit investieren.

Für Menschen, die einer täglichen Beschäftigung nachgehen, genügt es, jeden Morgen rund 20 Minuten zu üben. Wenn Sie möchten, können Sie morgens die Zeit nach dem Aufwachen oder/und kurz vor dem Einschlafen nutzen und im Bett einige Minuten lang die Sammlung auf den Dan-Tien-Punkt üben.

Auswahl der Übungen

Bei Qi Gong wählen Sie die Übungsart aus, die Ihren speziellen Bedürfnissen und Ihrer körperlichen Verfassung entspricht. Wenn Ihr Blutdruck zu hoch ist, machen Sie zuerst die »Innere ernährende Übung« (siehe S. 46 ff.), um entspannt und ruhig zu werden. Beherrschen Sie diese, können Sie zu einer Atemtechnik übergehen, die die Ausatmung betont, um das parasympathische Nervensystem anzuregen und übermäßige Spannungen abzuleiten. Wenn Sie an Magenbeschwerden oder Atemwegserkrankungen leiden, wählen Sie die »Innere ernährende Übung«, während Erschöpfte die »Belebende Übung« (siehe S. 54 ff.) ausführen sollten. Wenn Sie an sexuellen Störungen leiden, führen Sie zuerst die »Belebende Übung« und anschließend die »Fitness-Übung« (siehe S. 60 ff.) aus. Schwache und schlanke Menschen wählen die »Innere ernährende Übung«, unabhängig davon, ob sie krank oder gesund sind. Diese Übung führt Energie zu und kräftigt den Körper. Korpulente Personen sollten die »Belebende Übung« wählen und sie im Stehen ausführen.

Wie lange sollten Sie täglich üben?

Bereits 20 Minuten tägliches Üben erhält Ihre Gesundheit!

Das hängt bei Kranken natürlich von ihrem Zustand ab. Wenn chinesische Ärzte einem bettlägerigen Patienten Qi Gong verordnen, sollte er etwa vier Stunden pro Tag üben. Ist der Patient schon von seiner Erkrankung geheilt und soll weiterüben, um seine Gesundheit zu kräftigen, dann gelten zwei Stunden täglich als angemessen. Gesunde Menschen, die es auch bleiben wollen und viel Zeit zur freien Verfügung haben, können ein bis zwei Stunden täglich Qi Gong machen. Üben Sie Qi Gong möglichst täglich zur selben Zeit, zum Beispiel morgens vor dem Aufstehen eine halbe Stunde und abends vor dem Zubettgehen eine halbe Stunde, bis daraus eine Gewohnheit wie das Zähneputzen entstanden ist. Die Übung am Morgen empfiehlt sich, denn durch sie können Sie Energie für den ganzen Tag sammeln. Wichtig ist vor allem, dass Sie täglich Qi Gong üben.

INFO

Empfohlene Übungszeiten: Bei schwerer Erkrankung: täglich bis zu vier Stunden. Bei der Rekonvaleszenz: täglich zwei Stunden. Für Gesunde mit viel Zeit (Rentner): täglich ein bis zwei Stunden: Für Gesunde mit wenig Zeit: täglich 20 Minuten.

Die Länge der Übungszeiten wirkt vielleicht auf einige abschreckend. Wenn Sie aber schwimmen gehen, Tennis spielen oder eine andere Sportart betreiben, hören Sie auch nicht nach zehn Minuten wieder auf. Qi Gong bietet zudem noch den Vorteil, dass Sie es auch auf dem Weg zur Arbeit oder während anderer Wartezeiten üben können.

INFO

Einige Ratschläge:

- 20 Minuten vor Beginn der Übung sollten Sie anstrengende körperliche und auch geistige Arbeit beenden; dann können Sie geistig besser abschalten, und die Muskulatur entspannt sich leichter. Anschließend gelingt es Ihnen eher, Ihren Atem zu regulieren und in tiefe Meditation zu versinken.
  Sie sollten in ausgeglichener Stimmung sein, bevor Sie mit der Übung beginnen. Gehen Ihnen die Sorgen oder der Ärger nicht aus dem Sinn, so brechen Sie die Übung ab, und machen Sie zuerst einen Spaziergang, um sich zu zerstreuen und abzureagieren. Heutzutage gibt es Kassetten, die der Entspannung dienen, ich bevorzuge jedoch, wenn möglich, die Verspannung durch körperliche Bewegung, frische Luft oder ein klärendes Gespräch aufzulösen. Tun Sie, was immer Sie bevorzugen.
- Legen Sie vor der Übung enge Kleidungsstücke ab, und lösen Sie den Gürtel, damit die Muskeln sich entspannen und der Atem nicht blockiert wird.
- Auch bei den Übungen im Liegen oder Sitzen erwärmt sich der Körper, und es entsteht ein leichter Schweiß auf der Hautoberfläche. Damit Sie sich nicht durch Zugluft erkälten, sollten Sie Türen und Fenster geschlossen halten. Am besten, Sie lüften Ihr Zimmer in der kalten Jahreszeit vor dem Üben gut durch, damit Sie genügend frische Luft zur Verfügung haben.
- Gegen Ende der Übung setzen Sie sich langsam vom Liegen auf. Wenn Sie im Sitzen geübt haben, so stehen Sie langsam auf und massieren Kopf und Gesicht, damit sich der Körper wieder von der Ruhe auf die Bewegung umstellen kann. So können sich der Kreislauf und die Gehirnaktivität wieder auf die Modalitäten Ihrer gewohnten Alltagstätigkeit umstellen. Wenn Sie sich unmittelbar nach der Übung zu hastig bewegen, kann Ihnen schwindlig werden. Lassen Sie also Ihrem Körper ein wenig Zeit, sich den Umständen anzupassen.

- Qi Gong in Bewegung, wie Tai Chi oder Hui Chun Gong, sollte morgens möglichst im Freien – im Garten oder Wald – ausgeführt werden. Verbinden Sie Ihre Bewegungen mit dem Atem, und versuchen Sie gleichzeitig die innere Sammlung zu halten; dadurch werden Ihre Bewegungen anmutig und gleichmäßig, und Ruhe und Energie durchfluten Sie.
- Sie sollten die Übungen in einem ruhigen Zimmer oder an einem ruhigen Ort durchführen, damit Sie sich leichter entspannen können.
- Die tägliche Übungszeit bemessen Sie selbst nach Art der Erkrankung, Kondition, Beruf und der Ihnen zur Verfügung stehenden Zeit.
- Es ist besser, Sie führen nur eine oder zwei Übungen ruhig und sorgfältig durch, als wenn Sie sich durch ein ganzes Programm hetzen, mag es auch noch so vielversprechend sein.
- Achten Sie auf Ihre Ernährung! Essen Sie je nach Ihrer persönlichen Situation eventuell mehr Fleisch, Eier, Fisch, Gemüse oder andere nahrhafte Speisen. Ausgewogenheit ist auch hier das Zauberwort. Wenn Sie Magenprobleme oder Verdauungsstörungen haben, nehmen Sie besser drei kleinere Hauptmahlzeiten und zwei Zwischenmahlzeiten ein, ohne sich jedoch dabei zu überessen. Korpulente Patienten und solche, die an Bluthochdruck oder Erkrankungen der Herzkranzgefäße leiden, müssen sich beim Essen einschränken und mehr Obst und Gemüse zu sich nehmen.
- Die meisten Frauen können Qi Gong auch während ihrer Periode üben. Die innere Sammlung auf den Dan Tien oder Unterbauch kann jedoch bei einigen Frauen die Periode verlängern und die Blutung verstärken. Setzen Sie in diesem Falle so lange mit der Übung aus, bis die Periode vorüber ist. Wenn Sie Qi Gong im Gehen oder Hui Chun Gong üben, *müssen* Sie während der Periode mit dem Üben aussetzen. Wenn die Blutung gegen Ende der Periode nur noch schwach ist, können Sie wieder mit Qi Gong beginnen. Sammeln Sie sich dann innerlich nicht auf den Dan-Tien-Punkt, sondern auf das Gebiet zwischen den Brustwarzen oder auf den Oberbauch.

- Menschen, die ernsthaft erkrankt sind, sollten für einige Zeit ihre täglichen Pflichten zugunsten der Qi-Gong-Übungen auf das Notwendigste beschränken. Personen, die schwer erkrankt sind und an Störungen der Sexualorgane leiden, sollten den sexuellen Verkehr stark einschränken, weil sie sonst ihre Körperenergie auf Kosten der Gesundheit verbrauchen. Erfahrene chinesische Ärzte geben in diesen Fällen den Rat, 100 Tage lang auf Geschlechtsverkehr zu verzichten. Die Bewahrung der Sexualenergie ist eines der wichtigsten Grundprinzipen der taoistischen Sexuallehre und Gesundheitslehre. Was immer man davon halten mag, in den oben geschilderten Fällen ist es sicherlich auch nach westlichen Gesichtspunkten vernünftig, sich eine Zeitlang sexuell zu beschränken.
- Führen Sie die »Innere ernährende Übung« (siehe S. 46 ff.) nicht aus, wenn Sie gerade Hunger haben, denn sie regt die Verdauungsfunktionen noch mehr an, und Sie werden abgelenkt, weil Sie dauernd an Essen denken müssen. Die »Belebende Übung« (siehe S. 54 ff.) dagegen sollte nicht direkt nach einer größeren Mahlzeit ausgeführt werden, weil die Stellung mit gekreuzten Beinen bei vollem Magen verhindert, dass die Vitalenergie zum Dan Tien herabsinken kann. Warten Sie also mindestens eine halbe Stunde nach dem Essen, bis Sie mit der »Belebenden Übung« beginnen.
- Qi Gong in Bewegung erfordert eine ganz besondere Aufmerksamkeit und Sorgfalt, denn es unterscheidet sich von den sonst üblichen Bewegungsübungen. Bei Qi Gong in Bewegung löst nämlich allein die Vitalenergie die Bewegungen des Körpers aus. Folgende Punkte sind dabei zu beachten: Üben Sie in einem geräumigen Zimmer oder im Freien auf sauberem, flachem Boden.

  Anfänger sollten sich so lange von einem Lehrer anleiten lassen, bis sie die Übung ganz alleine beherrschen.

  Unterbrechen Sie die Übung nicht abrupt. Müssen Sie aus irgendeinem Grunde weggehen, so beenden Sie zuerst die Übung, und bringen die Bewegungen langsam zum Abschluss.

Die verschiedenen Haltungen des Qi Gong

Die Übungen können im Liegen, Sitzen oder auch Stehen durchgeführt werden – wichtig ist nur, dass Sie sich dabei entspannen

Da nicht alle in der gleichen körperlichen Verfassung sind und es unterschiedliche Übungen gibt, können die verschiedensten Reaktionen entstehen. Hier folgt zunächst ein kurzer Überblick über die verschiedenen Haltungen beim Qi Gong. Später wird noch besonders auf die Atmung eingegangen.

Die Stellungen sind ein wichtiger Bestandteil des Qi Gong. Sie sollten gemäß Ihrer Erkrankung, Verfassung und Gewohnheit eine entsprechende Stellung auswählen, um gute Resultate zu erzielen. Die jeweilige Haltung, in der Sie üben, wirkt sich auf die Funktion der verschiedenen Organe aus. So beeinflussen beispielsweise unterschiedliche Stellungen die Funktionen des Magens auf verschiedene Weise.

Die Übungen im Sitzen

Die richtige Haltung ist wichtig, sonst werden Sie beim Üben müde!

Bei den Übungen ist es sehr wichtig, den ganzen Körper zu entspannen, ob Sie nun gerade stehen, sitzen, liegen oder gehen. Bei der Übung im Sitzen setzen Sie sich auf einen Stuhl, ein hartes Bett oder auf den Boden. Wenn Sie die »Belebende Übung« (siehe S. 54 ff.) ausführen wollen, so wählen Sie entweder den Schneidersitz oder den Halblotussitz; beide Haltungen sind leicht einzunehmen. Sorgen Sie dafür, dass Sie bequem auf einem Kissen oder Polster sitzen.

Anfängern schlafen meist die Beine ein, wenn sie eine Zeitlang im Schneidersitz sitzen. Ändern Sie dann die Lage der Beine ein wenig oder stehen Sie auf und bewegen Sie sich, dann wird das Taubheitsgefühl in den Beinen schnell verschwinden. Anschließend können Sie wieder dieselbe Stellung einnehmen. Falls das Taubheitsgefühl zu stark ist, massieren Sie Ihre Beine. Nach einiger Zeit werden die Taubheitsgefühle in dieser Stellung immer schwächer werden und dann von selbst verschwinden.

INFO

Wichtig ist, dass Sie den Rücken gerade halten, denn wenn Ihre Wirbelsäule krumm oder schlaff ist, werden Sie nur träge und schlafen ein.

Wenn Sie den Schneidersitz zu ermüdend finden, können Sie sich auch auf einen Stuhl oder Sessel setzen und die Beine ausstrecken, die Arme liegen dabei auf den Lehnen.

Die Übungen im Liegen

Legen Sie sich ein dickes Kissen unter den Kopf, wenn Sie in Rückenlage üben. Das verhilft Ihnen zu einer freieren Atmung. Sie können beim Üben sowohl auf der rechten als auch auf der linken Seite liegen. Nach dem Essen legen Sie sich jedoch auf die rechte Seite, denn diese Stellung fördert den Weitertransport der Nahrung vom Magen zum Darm. Zu anderen Zeiten nehmen Sie die linke Seite oder wechseln die Seiten.

Durch ein Kissen im Nacken können Sie in der Rückenlage Ihren Atem besser fließen lassen

ACHTUNG!

Menschen, die an Verdauungsstörungen leiden, sollten nicht im Stehen üben. Bei mangelhafter Peristaltik des Verdauungssystems sollten Sie beim Üben auf der rechten Seite liegen.

Wenn Sie in Rücken- oder Seitenlage üben, wählen Sie eine feste Unterlage. Es ist nämlich schwer, auf einer weichen Matratze oder einem Sofa die richtige Stellung beizubehalten. Wenn Sie die Übung halb liegend ausführen, müssen Sie ein oder mehrere Kissen unter Kopf und Nacken legen, die Beine ausstrecken und die Arme neben den Körper legen.
Anfangs sollten Sie die Rücken- oder Seitenlage bevorzugen. Nach zwei bis drei Wochen, wenn Sie mit der Atemübung schon vertraut und kräftiger geworden sind, können Sie auch im Sitzen üben. Später üben Sie abwechselnd im Sitzen, Liegen oder auch nur noch im Sitzen. Solange Ihnen das Üben im Sitzen noch schwer fällt, sollten Sie sich nicht dazu zwingen, sondern lieber noch eine Zeitlang im Liegen üben. Verpassen Sie aber nicht den Zeitpunkt, in dem Liegen für Sie nur noch eine Bequemlichkeit darstellt. Wenn Sie nämlich im Sitzen üben können, sind Sie viel unabhängiger: Auch während Sie bei einem Spaziergang auf einer Parkbank rasten oder mit dem Omnibus fahren, können Sie die Zeit für eine Übung nutzen.
Die Übung in halb liegender Position ist besonders für Personen mit Herzerkrankungen und Bronchitis geeignet; sie verhilft ihnen zu einer freieren Atmung und lindert das Druckgefühl im Brustkorb.

INFO

Die Übungen im Liegen sind geeignet für:

- Menschen, die mehr Energie gewinnen wollen,
- Menschen, die Entspannung brauchen,
- ältere und geschwächte Menschen, Schwerkranke und Schwache,
- Menschen mit Magenbeschwerden, Lungen- oder Herzerkrankungen. Die liegende Haltung ist leicht einzunehmen und erschöpft Sie nicht. Sie fördert die Peristaltik des Magen-Darm-Trakts und macht Appetit.

Die Übungen im Stehen

Auch im Stehen können die stillen Qi Gong Übungen ausgeführt werden. Dabei ist es wichtig, einen festen und bequemen Stand zu haben, bei dem Sie nicht ins Schwanken kommen. Dazu werden die Füße etwa schulterbreit auseinander gestellt, die Knie werden gelockert. Stehen Sie keinesfalls mit durchgedrückten Knien, das blockiert nämlich den Energiefluss und macht die Haltung instabil. Am Anfang muß man ein wenig probieren, bis diese Stellung wirklich bequem und sicher ist. Während

INFO

Die Übungen im Stehen sind geeignet für:

- jüngere Menschen, die an wenigen Beschwerden leiden. Auch korpulente Personen sollten lieber im Stehen üben,
- Menschen, die an einer Überfunktion der Verdauungsorgane leiden, an Spannungsgefühlen oder an Benommenheit und Schwindel; ebenso für Personen, die viel sitzen und zu wenig körperliche Bewegung haben,
- Nervöse und Menschen mit hohem Blutdruck und für all jene, die im Liegen zu schnell einschlafen.

Die Übung im Stehen hilft generell dieser Gruppe, Energie zu tanken, zu entspannen und ihren Körper zu kräftigen.

der Übung umschließt die rechte Hand die linke und wird dann auf den Nabel gelegt. In dieser Haltung kann man auch bequem Wartezeiten überbrücken und für seine Gesundheit nutzen.

Finden Sie Ihre ideale Stellung

Egal, welche Stellung Sie auch einnehmen, entspannen Sie dabei den ganzen Körper, und nehmen Sie eine bequeme, natürliche Haltung ein. Wenn sich irgendein Teil des Körpers unbehaglich fühlt, machen Sie eine Pause, entspannen Sie sich noch intensiver, oder ändern Sie die Stellung.
Bei der Behandlung einer speziellen Störung müssen Sie sich nicht auf nur eine einzige Stellung beschränken, sondern Sie können abwechselnd in verschiedenen Stellungen üben. Wenn Sie sich in einer gewohnten Stellung müde und unwohl fühlen, wählen Sie eine andere. Personen, die an mehreren Erkrankungen leiden, sollten die verschiedenen Übungsstellungen miteinander kombinieren. Wenn Sie beispielsweise eine Magensenkung haben und gleichzeitig an zu hohem Blutdruck leiden, ist es nötig, im Stehen und im Liegen zu üben. Magensenkungen werden nämlich durch Qi-Gong-Übungen im Liegen und Bluthochdruck durch Übungen im Stehen behandelt. Einige schlafen ein, wenn sie im Liegen üben. Wenn Sie zu diesem Personenkreis gehören, können Sie die eine Hälfte der Übungen im Liegen ausführen und dann im Sitzen oder Stehen weitermachen. Sie können auch im Sitzen beginnen und später zum Liegen übergehen.

Die richtige Atmung ist entscheidend

Auf eine natürliche Atmung kommt es an

Es ist sehr wichtig, den Atem während der Qi-Gong-Übung zu regulieren. Wenn Sie sich von Ihren Beschwerden befreien und voller Energie sein wollen, sollten Sie sorgfältig darauf achten, da Sie sonst wenig Erfolg haben werden.
Atmen Sie ganz natürlich während der Übung, und ziehen Sie nicht zu viel Luft auf einmal ein. Atmen Sie auch nicht bis zur äußersten Grenze ein, sondern achten Sie auf gleichmäßige und sanfte Atemzüge. Wenn Sie zu tief einatmen, wird der Atem kurz und schnell, außerdem bekommen Sie noch Herzklopfen. Forcieren Sie auch die Ausatmung nicht, sonst ringen Sie bald nach Luft. Wenn Sie den Atem nach dem Ein- oder Ausatmen anhalten, so darf das nicht mit Anstrengung geschehen. Beim

Anhalten des Atems konzentrieren Sie sich innerlich auf den Dan Tien. Es kann zu den verschiedensten Beschwerden führen, wenn Sie sich abmühen, den Atem zu lange anzuhalten.

Die Zahl der Atemzüge pro Minute hängt immer von der Person selbst ab. Es gibt keine feste Regel dafür. Ebenso wenig gibt es eine schlüssige Beziehung zwischen der Anzahl der Atemzüge pro Minute und der Heilwirkung. Konzentrieren Sie sich beim Atemanhalten auf den Dan Tien. Auf keinen Fall sollten Sie sich zwingen oder anstrengen, die Zahl Ihrer Atemzüge pro Minute zu verringern. Atmen Sie immer natürlich, sanft, langsam und lautlos und durch die Nase ein und aus. Menschen, die zu enge Nasengänge haben oder an Erkrankungen der Atemwege leiden, können gleichzeitig durch Nase und Mund oder auch nur durch den Mund atmen. Unterschiedliche Menschen und unterschiedliche Störungen erfordern auch verschiedene Atemmethoden. Einige müssen durch die Nase ein- und ausatmen, andere atmen durch die Nase ein und durch den Mund aus. Wieder andere atmen durch den Mund ein und durch die Nase aus. Die allgemein übliche Praxis ist jedoch das Ein- und Ausatmen durch die Nase.

Die Taoisten empfehlen eine Atemtechnik, bei der die Zungenspitze leicht den Gaumen berührt

Bei den Atemübungen, besonders bei der »Inneren ernährenden Übung« (siehe S. 46 ff.), bewegen Sie die Zunge auf und ab. Bei der »Belebenden Übung« (siehe S. 54 ff.) wird die Zungenspitze an den Gaumen gehalten und bleibt während der ganzen Übung dort. Das ist auch die Methode, die ich als sicherste und einfachste allgemein empfehle. Vielen Menschen, die einmal mit Qi-Gong-Übungen angefangen haben, ist es schon zur Gewohnheit geworden, auch im Alltag die Zungenspitze an den Gaumen zu legen. Besonders die Taoisten befürworten diese Zungenstellung, denn sie sind der Ansicht, dass dadurch der große und kleine Energiekreislauf des menschlichen Körpers ungehindert fließen kann. Die Aufundabbewegung der Zunge erfordert Ihre ganze Aufmerksamkeit und sorgt auf diese Art und Weise dafür, dass ablenkende und störende Gedanken ferngehalten werden und Sie langsam in die tiefe Meditation hineingeführt werden. Zusätzlich vermehrt sich dadurch der Speichel, und der Appetit wird angeregt. Halten Sie die Zungenspitze beim Üben nur leicht an den Gaumen, sodass die Zungenmuskulatur nicht angestrengt wird. Achten Sie nicht krampfhaft auf die Bewegung der Zunge, sonst wird Ihre Sammlung auf den Dan Tien nur abgelenkt.

Anfänger sollten sich beim Erlernen der Bauchatmung nicht allzu angestrengt darum bemühen. Stellen Sie sich einfach vor, dass Sie die Vitalenergie zum Dan Tien oder Unterbauch und wieder zurück lenken.

Dabei dehnt sich der Bauch gleichzeitig mit der Atmung aus oder zieht sich wieder zusammen. Anfangs bewegt sich der Unterbauch nicht so, wie er sollte; wenn Sie jedoch eine Zeit lang geübt haben, gelingt es Ihnen, die Vitalenergie mit Erfolg zu lenken, und Ihr Unterbauch hebt und senkt sich dann ganz leicht gleichzeitig mit den Atemzügen.

ACHTUNG!

Die klinische Praxis hat gezeigt, dass Personen mit hohem Blutdruck, Verstopfung, Verdauungsbeschwerden, Magengeschwür oder Magensenkung durch die Bauchatmung geholfen wird. Achten Sie während der Bauchatmung nicht auf die Einatmung, die ganz natürlich geschieht, sondern versuchen Sie nur die Ausatmung ganz sanft zu verlängern. Personen mit hohem Blutdruck dürfen den Atem nicht anhalten, denn dadurch kann der Blutdruck steigen! Personen mit niedrigem Blutdruck, lebhafter Verdauung, Kolitis oder nervösem Magen sollten während der Bauchatmung länger einatmen, ohne sich dabei jedoch anzustrengen.

Erreichen Sie den Zustand der Meditation!

Die Lenkung der Vitalenergie zum Dan Tien und ihre Visualisierung ist unverzichtbar beim Qi Gong. So verwandelt sich nämlich die Lungenatmung langsam in die Bauchatmung. Bei der Bauchatmung bewegt sich das Zwerchfell während des Einatmens nach unten, und der Unterbauch dehnt sich aus. Während des Ausatmens schiebt sich das Zwerchfell wieder

Um in den Zustand der Tiefenentspannung zu gelangen, gibt es unterschiedlichste Methoden

ACHTUNG!

Als Anfänger sollten Sie sich jedoch nicht allzu sehr darum kümmern und sich auf keinen Fall dabei anstrengen. Üben Sie lieber geduldig und sanft weiter; wenn Sie nämlich den Atem mit Mühe zum Dan Tien hinunterdrücken, wird Ihnen das nicht gut tun.

nach oben, und der Unterbauch zieht sich zusammen. Stellen Sie sich vor, dass Sie während der Einatmung die Luft zum Dan Tien im Unterbauch lenken. Nach einiger Übung spüren Sie, wie die Vitalenergie zugleich mit der Bewegung der inneren Organe hinunter zum Dan Tien gleitet.
Die Atemübung erfordert, dass Sie störende Gedanken fernhalten und sich in tiefe Meditation versenken können. Je mehr Zeit Sie der Übung widmen und je intensiver Sie üben, desto leichter erreichen Sie die Tiefenentspannung, und desto größer wird auch Ihr Erfolg sein. Es gibt mehrere Methoden, um Gedanken fernzuhalten. Die folgenden sind die gebräuchlichsten.

INFO

- Versuchen Sie innerlich ruhig zu werden.
  Beenden Sie zehn Minuten vor Beginn der Qi-Gong-Übung alle Freizeit- und Sportaktivitäten und auch das Lesen, damit das Gehirn sich beruhigt.
- Blicken Sie mit geschlossenen und nach oben gerichteten Augen auf Ihre Nasenwurzel. Damit ist genau die Stelle zwischen den Augenbrauen gemeint, die auch als so genanntes drittes Auge bekannt ist. Wenn diese Augenstellung Sie zu sehr anstrengt, dann wählen Sie einen Punkt, der etwa einen halben Meter von Ihrer Stirn entfernt vor Ihnen in Höhe des dritten Auges liegt. Vermeiden Sie auf jeden Fall die häufig empfohlene Methode, Ihre Nasenspitze zu fixieren – das führt letztendlich nur zu Augenschmerzen und angestrengtem Tränenfluss. Diese Technik verhilft Ihnen dazu, sich auf einen Punkt zu konzentrieren und in Meditation zu versinken. Sie sollten dabei nicht mit den Augen starren, sondern die Aufmerksamkeit eher schweben lassen. Andernfalls könnten Sie müde und benommen werden, was einer tiefen Meditation nur im Wege steht. Schließen Sie Ihre Augen nie ganz fest, denn dann schlafen Sie leicht ein oder gleiten in Tagträume ab.

Lassen Sie sich nicht durch den anderslautenden Ratschlag, man müsse die Nasenspitze fixieren, um meditieren zu können, verleiten: Hier handelt es sich schlicht und einfach um einen Übersetzungsfehler: Die Nasenwurzel wurde mit der Nasenspitze verwechselt, und dieser Fehler geistert nun munter durch die westöstliche Literatur.

Das »dritte Auge«. Konzentrieren Sie sich mit geschlossenen Augen auf diese Stelle

Richten Sie beim Qi Gong Ihre Aufmerksamkeit auf den Dan Tien im Unterbauch. Diese Sammlung hilft, störende Gedanken abzuleiten und ein ruhiges Meditationsstadium zu erreichen. Anfängern fällt das meistens schwer, auch wenn sie ernsthaft versuchen, ihre Aufmerksamkeit auf den Dan Tien zu richten. Das ist ein ganz normaler Vorgang – machen Sie einfach weiter, und plagen Sie sich auch nicht zu sehr damit ab, Ihre Aufmerksamkeit auf den Dan Tien zu richten. Es ist viel besser, ohne Anspannung und in lockerer Sammlung auf diesem Gebiet zu verweilen.

Wenn Sie innerlich Sätze wiederholen und dabei die Zungenspitze auf und ab bewegen, erhöht sich Ihre Konzentration. Störungen jeder Art kommen dann nicht mehr so leicht an Sie heran. Das Wiederholen von Sätzen mit heilsamer Bedeutung tröstet Sie, heitert Sie auf und lässt Sie in tiefe Meditation gleiten. Außerdem führt es dazu, dass Sie sich allmählich durch diese positive Selbstbeeinflussung von alten, negativen Mustern lösen, die Sie belasten.

Wenn Sie während der Übung die Atemzüge zählen, sind Sie ganz und gar von der Übung gefangen und erreichen eine stille Meditation. Am besten hat es sich bewährt, wenn Sie immer wieder von eins bis zehn zählen und dann wieder von vorne anfangen. Selbst Akademiker unter Ihnen werden erstaunt sein, wie schwer es sein kann, aufmerksam von eins bis zehn zu zählen! Diese Technik ist gut geeignet, um die Aufmerksamkeit zu erhalten: Das einfache Zählen und die kurzen Zählabschnitte lassen keinen Platz für störende Gedanken, und Sie können nicht so schnell abschweifen. Es ist aber auch möglich, innerlich den Atemzügen zu lauschen, während Sie sanft und langsam atmen. Folgen Sie dem Atem mit Ihrer Aufmerksamkeit, so als ob Sie ihm nachlauschen würden. Auch diese Technik wird Sie in die Meditation hineinführen.

Sie können auch in Ihren Körper hineinsehen, um zu einer inneren Sammlung zu kommen. Schließen Sie Ihre Augen, und betrachten Sie mit Ihrem inneren Auge die Organe in Ihrem Körper. Sie können sich zum

Beispiel dabei beobachten, wie Sie ein- und ausatmen und sich Ihre Vitalenergie den Weg zum Dan Tien hinunter bahnt. Auch das verhilft manchen Menschen zu tiefer Meditation.

ACHTUNG!

Zwanghaften Personen ist diese Art der Kontemplation allerdings nicht zu empfehlen, denn sie kann sich zu einer fixen Idee entwickeln.

Reaktionen von Psyche und Körper

Bei Anfängern wie auch Fortgeschrittenen können sich »Halluzinationen« einstellen

Wenn Sie längere Zeit geübt haben, können sich ganz bestimmte Reaktionen zeigen. Im Allgemeinen sind es Hautsensationen oder Reaktionen des Gehirns auf die äußere Stimulation der Übungen hin. Das sind alles ganz natürliche Vorgänge. Anfänger mit solchen Reaktionen sollten sich nicht dadurch stören lassen – diese Reaktionen verschwinden ganz von selbst wieder. Aber nicht nur Anfänger werden von diesen seltsamen Befindlichkeits- und Wahrnehmungsstörungen betroffen. Auch wenn Sie schon fortgeschritten sind und jahrelang Qi Gong geübt haben, kann es Ihnen passieren, dass sich die verschiedensten »Halluzinationen« einstellen: Sie haben das Gefühl, dass Sie schweben, größer werden oder dass Ihr ganzer Körper durchsichtig und leicht geworden ist. Trotz aller Ratschläge der Lehrer, diese Erscheinungen nicht wichtig zu nehmen, sind viele Qi-Gong-Schüler von ihren Erlebnissen derart besessen und begeistert, dass sie nicht davon lassen wollen.

Um so unverständlicher ist es mir, dass gerade im Westen wirkende chinesische Lehrer mit diesen an sich harmlosen und unwesentlichen Erscheinungen ihre erleuchtungswilligen Schüler zu ködern versuchen. Der beste Ratschlag lautet hier jedoch keinesfalls, diese Erlebnisse anzustreben, sondern sie wie Wolken am Himmel vorüberziehen zu lassen und zu vergessen. Wem das nicht genügt, der kann sich darüber freuen, denn sie sind vorübergehende Begleiterscheinungen, die sich nur nach aufmerksamem Üben einstellen. Das ist aber auch schon alles.

Häufige Reaktionen auf Qi Gong

Unterschiedlichste Sensationen

Wenn es im Körper kribbelt, kreist das Qi

Einige Menschen bekommen an einzelnen Körperteilen oder am ganzen Körper einen Juckreiz oder ein Kribbeln. Andere wiederum haben das Gefühl, als ob Körperteile schwer würden oder als ob etwas auf sie drücken würde. Es kommt auch Empfinden von Wärme, Kälte, Leichtigkeit oder Schwere vor. All das sind mögliche Auswirkungen der Übung; kümmern Sie sich nicht allzu sehr darum, üben Sie einfach weiter. Alle diese Erscheinungen verschwinden von selbst wieder.

Es gibt auch andere Reaktionsweisen. Einige Menschen merken zum Beispiel, dass sie weniger von Gedanken abgelenkt werden als früher und dass ihr Nervensystem nicht mehr überempfindlich auf äußere Reize reagiert. Sie werden sich einer inneren Stille bewusst, die sich in ihnen ausbreitet und die weder durch laute noch durch leise Geräusche beeinträchtigt wird.

Zunahme des Appetits

Die klinische Praxis hat gezeigt, dass sich die Verdauung und der Appetit durch die energetische Therapie verbessern. Zu magere Personen bekommen einen guten Appetit und nehmen schnell an Gewicht zu. (Korpulente Personen sollten natürlich ihre Nahrungsaufnahme einschränken und mehr Obst und Gemüse essen.)

Anregung des Stoffwechsels

Die Atemübungen wirken anregend auf den Stoffwechsel

Jeder Mensch zeigt entsprechend seiner Konstitution andere Reaktionen. Einigen Personen wird warm, und sie schwitzen leicht, wenn sie üben; sie fühlen sich dabei aber frisch und wohl. Das ist eine ganz natürliche Erscheinung.

Alkohol

Fast alle Menschen, die Qi Gong üben, berichten, dass sie viel weniger Alkohol vertragen, als früher. Oft stellt sich schon nach einem Achtel Wein ein benommenes Gefühl ein. Das kommt daher, dass Qi Gong die Energiekanäle öffnet – und Alkohol schneller ins Blut transportiert.

INFO

Wenn Sie jedoch bei normalen Temperaturen so schwitzen, dann sollten Sie weniger üben und sich bei der Konzentration auf das Dan-Tien-Gebiet nicht so sehr anstrengen. Ziehen Sie sich auch leichter an, dann wird sich diese Reaktion nach ein paar Tagen verlieren.

Die Aufundabbewegungen der Zunge während der Übung vermehren den Speichelfluss. Schlucken Sie diesen Speichel in kleinen Schlucken, und stellen Sie sich dabei vor, wie er zum Dan Tien hinunterfließt. Durch diese Vorstellung helfen Sie Ihrer Vitalenergie, den Dan Tien leichter zu erreichen, und unterstützen die Bauchatmung.
Einige müssen nach der Übung häufiger Wasser lassen als zuvor, bei anderen wachsen Haare und Nägel schneller. Das weiße Haar einiger Menschen kann durch die Übung wieder dunkler werden, und trockene oder grobe Haut wird glatt und strahlend. Bei vielen Qi-Gong-Übenden kann man sehen, dass die jugendliche Frische wieder zurückkommt. Das alles sind viel beobachtete Auswirkungen der Qi-Gong-Übung.

Verbesserung der sexuellen Funktion

Qi Gong hilft auch bei Potenzstörungen

Während Sie mit Hilfe der Atemtherapie wieder zu Kräften kommen, steigert sich auch Ihr sexuelles Verlangen. Das ist ganz normal und ein Zeichen von Gesundheit. Wenn Sie zuvor jedoch krank waren, sollten Sie sich

INFO

Ein Tipp bei Potenzstörungen:
Jeder Mann, der an Potenzstörungen leidet, sollte die Schließmuskeln des Afters nach dem Wasserlassen etwa eine Minute lang hoch- und zusammenziehen. Das fühlt sich etwa so an, als ob Sie den Drang zum Wasserlassen unterdrücken würden. Massieren Sie auch Ihren Unterbauch, und halten Sie dabei Ihre Hoden in den Händen, wie bei der Fitness-Übung beschrieben. Tun Sie das morgens und abends; nach einiger Zeit werden Sie die Wirkung spüren.

aber selbst Beschränkungen auferlegen, um vollständig gesund zu werden. Schwäche der männlichen Potenz kann mit speziellen Bewegungen während der Atemtherapie behoben werden. Schließen Sie dabei die Augen, und verdrehen Sie sie in Ihrer Vorstellung so, dass Sie in Richtung Ihres Scheitels blicken. Gleichzeitig atmen Sie ein, berühren mit der Zunge den Gaumen und ziehen die Muskeln von Hoden und After zusammen. Halten Sie den Atem nach der Einatmung so lange an, wie Sie können, und atmen Sie erst dann aus. Gleichzeitig mit der Ausatmung lassen Sie auch die Beckenbodenmuskulatur wieder los.

Üben während der Periode

Wenn die Periode nicht allzu lange dauert und nicht zu viel Blut verloren wird, kann eine Frau wie gewohnt mit ihren Übungen fortfahren. Das gilt jedoch nicht für Qi Gong im Gehen oder die Hui-Chun-Gong-Übungen – beide sind während der Menstruation verboten, denn sie verstärken den Blutfluss ungemein. Wenn Sie sehr viel Blut verlieren oder eine lange Periode haben, sollten Sie sich beim Üben nicht auf den Unterbauch konzentrieren, sondern auf die Brustmitte, auf die Zehen oder den mittleren Teil der Fußsohlen. Sie können auch die Sammlung auf bestimmte Körperpunkte während dieser Zeit ganz aufgeben. Ich empfehle den Frauen, diese natürliche Zeit des Rückzugs in sich selbst zu beachten. Im Gegensatz zu dieser jahrtausendealten Erfahrung werben die Binden- und Tamponhersteller gerade mit dem Gegenteil: Die moderne Frau besinnt sich nicht mehr auf sich selbst, sondern ist während dieser Zeit sogar extrem sportlich aktiv. Wenn man diese Art von Werbung ganz unbefangen und mit Humor betrachtet, dann müssen Tampons oder Binden ein unverzichtbarer Teil des sportlichen Lebens sein: Denn man kann ja beinahe alles mit ihnen: schwimmen, reiten, Tennis spielen ...
Qi Gong in Ruhe ist während der Periode die angemessene Art, zu üben und etwas für sich selbst zu tun. Atmen Sie natürlich ein und aus, lenken Sie den Atem dabei nicht zum Dan Tien, sondern eher zu den Fußsohlen oder dem »dritten Auge«. Frauen, die unter außerordentlich starken Blutungen leiden oder eine sehr lange Menstruation haben, pausieren am besten für einige Tage. Frauen, deren Regelblutung ausbleibt, sollten natürlich weiterüben und sich während der Übung innerlich auf den Dan Tien oder das Perineum sammeln.

3. Qi-Gong-Übungen

Drei einfache Übungen als Einstieg in das chinesische Qi Gong.

Aus der ungeheuren Vielzahl von Qi-Gong-Übungen wurden hier drei einfache und sehr wirksame Grundübungen ausgewählt, die Energie und Entspannung bringen:

- die »Innere ernährende Übung«, die dem Körper Energie zuführt und diese speichert,
- die »Belebende Übung« fördert die Konzentration und Entspannung und
- die »Fitness-Übung«, eine chinesische Hausapotheke der Bewegung.

Dieses Grundprogramm von stillen und bewegten Übungen ermöglicht es Ihnen selbst, eine Auswahl zu treffen und sich Ihr eigenes Programm zusammenzustellen. Richten Sie sich dabei nach den im zweiten Teil des Buches angegebenen Indikationen (unter dem Namen einer Gesundheitsstörung finden Sie die zur Heilung nötigen Übungen).
All diese Übungen zeigten bei der Behandlung und den Überprüfungen gute Ergebnisse. Weitere Übungen ergänzen diese Hauptübungen und sind bei verschiedenen Störungen und zur Gesunderhaltung hilfreich. Wählen Sie die Position, Atemtechnik oder Art der Sammlung aus, die am besten Ihrer körperlichen Kondition und der Behandlung Ihrer Erkrankung entspricht. Vermeiden Sie beim Üben jede Überanstrengung. Qi Gong ist kein Leistungssport! Wenn Ihnen beispielsweise der Lotussitz schwer fällt, können Sie Qi Gong mit gleicher Wirkung auch im leichteren Schneidersitz ausführen.
Jede einzelne Qi-Gong-Übung besteht aus einer Kombination von Körperhaltung, kurz Position genannt, Atemtechnik und der Konzentration auf bestimmte Körperzonen.

Die »Innere ernährende Übung«

Diese Übung ist eine der wichtigsten und bekanntesten des stillen Qi Gong

Bei der »Inneren ernährenden Übung« reguliert und beobachtet der Übende seine Atemzüge. Dabei wiederholt er innerlich bestimmte Worte oder Sätze, die Zunge berührt währenddessen den Gaumen. Beginnen Sie damit, die Zunge zuerst an den oberen Gaumen und hinter die Schneidezähne zu legen. Nach einiger Zeit können Sie dazu übergehen, die Zunge nach oben einzurollen und mit der Zungenspitze den weichen Gaumen in der hinteren Zone der Mundhöhle zu berühren. Sie werden bald verstärkten Speichelfluss bemerken. Dieser Speichel wird von den Chinesen als »himmlischer Nektar« bezeichnet, er gilt als kostbares Lebenselixier und sollte in kleinen Schlückchen hinuntergeschluckt werden. So ungewohnt es zunächst scheinen mag, die Zunge am weichen Gaumen zu halten – Sie werden diese Stellung bald ganz selbstverständlich einnehmen können. In dieser Lage werden nämlich die beiden Meridiane, die genau senkrecht entlang der Körpermitte verlaufen, miteinander verbunden. Dadurch fließt die Energie ungehindert durch diese beiden Leitbahnen und verteilt sich von dort im ganzen Körper. Ich konnte feststellen, dass allein die Lagerung der Zunge am weichen Gaumen so beruhigend wirkt, dass es richtig schwer fällt, diese Haltung aufzugeben, um zum Beispiel ein Telefongespräch zu führen.
Gleichzeitig konzentriert man sich während der Übung auf seine Vitalenergie und lenkt sie mithilfe der Vorstellungskraft zum Dan-Tien-Punkt hinunter. Anfangs gelingt das natürlich nur mit Hilfe der Imagination. Nach einiger Übungszeit können Sie jedoch die Vitalenergie tatsächlich wahrnehmen. Das geschieht oft in Form von Wärme oder einem strahlenden, wärmenden Gefühl, das sich im Bauchraum sammelt oder die Energielinien entlangläuft.

INFO

Diese Übung beruhigt die Gehirntätigkeit und belebt die inneren Organe.

Vier mögliche Körperhaltungen

Lassen Sie sich nicht dadurch verwirren, dass die »Innere ernährende« und die »Belebende Übung« jeweils in verschiedenen Körperhaltungen möglich sind. Auch die Arten der Atmung variieren. Die Chinesen kennen auf diesem Gebiet keine strengen Verordnungen, sondern schöpfen aus einer Vielfalt von Übungen und Variationen.

Freuen Sie sich an dem Freiraum, der Ihnen bei dieser Übung geschenkt wird, und wählen Sie die Lage oder Atemtechnik, mit der Sie sich am wohlsten fühlen

Folgende Körperhaltungen können je nach Belieben mit den nachfolgend beschriebenen Atemtechniken und Sammlungsmethoden kombiniert werden:

1. Seitenlage

Legen Sie sich in Seitenlage hin. Halten Sie dabei den Kopf nicht starr und gerade, sondern eher locker gebogen. Legen Sie dazu ein Kissen unter, das Kopf und Nacken abstützt. Lagern Sie auch die Wirbelsäule in einem leichten Bogen, und vermeiden Sie eine starre, ausgestreckte Haltung beim Liegen.
Wenn Sie auf der rechten Seite liegen, so legen Sie Ihre rechte Hand mit locker ausgestreckten Fingern unter den Kopf. Die Handfläche sieht dabei nach oben. Strecken Sie dann den linken Arm natürlich aus, und legen Sie die Handfläche auf den linken Oberschenkel. Winkeln Sie nun Ihr linkes Bein leicht gebeugt, und legen Sie es locker auf Ihr rechtes Bein. Wenn Sie auf der linken Seite liegen, machen Sie es genau umgekehrt. Lassen Sie die Augen offen, denn schließlich sollen Sie nicht einschlafen! Die Lippen bleiben offen oder geschlossen, je nach der Atemtechnik, die Sie ausgewählt haben (siehe Abb. 1).

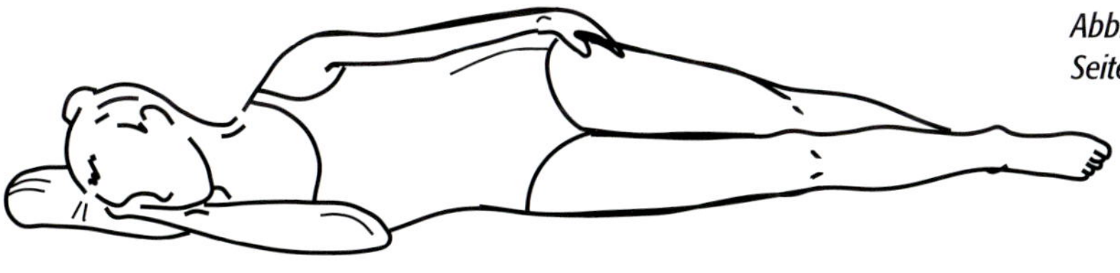

Abb. 1: Seitenlage

2. Rückenlage

Legen Sie sich flach mit dem Rücken auf eine Unterlage, am besten mit einem kleinen Kissen unter dem Kopf. Die Arme liegen locker ausgestreckt entlang der Körperseiten, die Finger werden ebenfalls locker ausgestreckt, die Handflächen liegen auf der Unterlage. Auch die Beine sind ausgestreckt, die Fersen berühren sich, die Fußspitzen jedoch nicht. Wählen Sie dieselbe Augen- und Lippenhaltung wie bei der ersten Position.

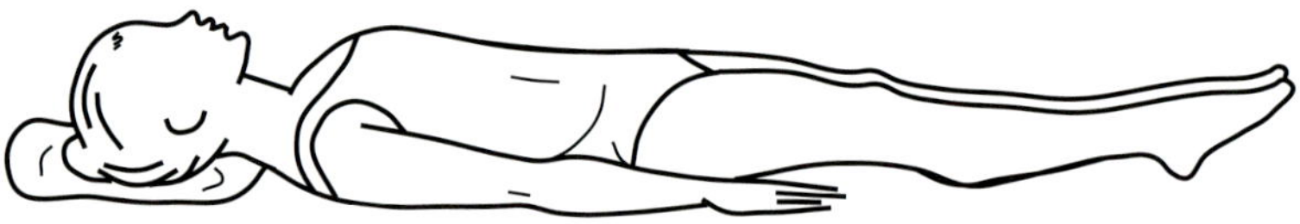

Abb. 2: Rückenlage

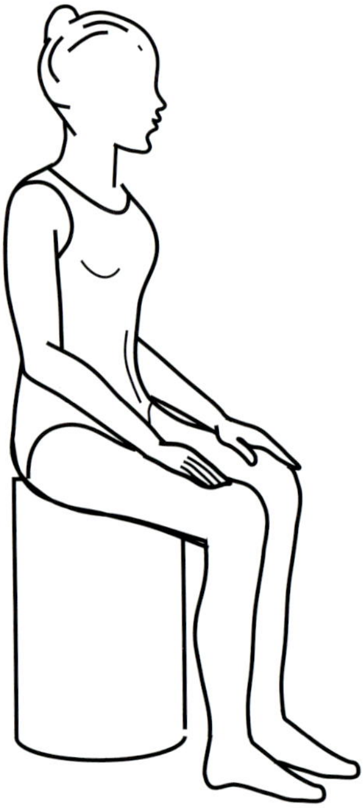

3. Sitzhaltung

Setzen Sie sich aufrecht auf einen Stuhl. Der Kopf befindet sich in einer entspannten Haltung, und die Schultern sind natürlich gelockert. Versuchen Sie, auch Ihren Brustkorb zu entspannen. Legen Sie Ihre Handflächen locker auf die Knie; Beine und Füße sind im Abstand Ihrer Schulterbreite auseinander gestellt. Korrigieren Sie die Sitzhöhe mittels eines Kissens oder mit einer anderen Unterlage so lange, bis Ihre Knie etwa einen 90-Grad-Winkel und die Unterschenkel einen rechten Winkel zum Boden bilden. Wählen Sie dieselbe Augen- und Lippenhaltung wie in der ersten Position.

Abb. 3: Sitzhaltung

4. Stärkungsstellung

Legen Sie sich auf den Rücken, wie zuvor unter »Rückenlage« beschrieben. Stützen Sie Ihren Kopf mit einem Polster ab, das mehr als zwei Handbreit (20 bis 25 Zentimeter) hoch ist. Schultern und Wirbelsäule werden ebenfalls unterpolstert, sodass sich eine Art Gefälle bildet. Die Beine liegen locker nebeneinander, die Arme seitlich am Körper, und die Handflächen berühren die Außenseite der Oberschenkel.
Das Besondere dieser Lage ist, dass durch die Unterstützung des Brustkorbs die Lungen gedehnt werden. Auf diese Art und Weise kann das Qi aus der Luft besser aufgenommen und verwertet werden. Nach chinesischer Vorstellung nimmt der menschliche Körper etwa 30 Prozent der zum Leben benötigten Energie durch den Atem auf.

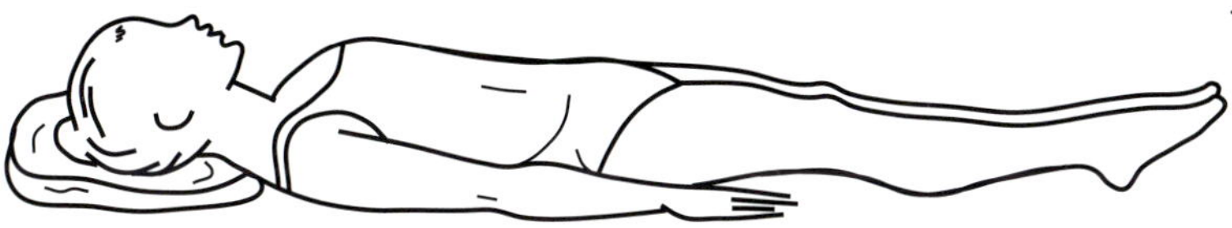

Abb. 4: Stärkungsstellung

INFO

Gewöhnlich beginnt man beim Üben zuerst mit der ersten oder zweiten Haltung. Wählen Sie entweder die Rücken- oder Seitenlage, je nach Art der Erkrankung und Ihrer persönlichen Vorliebe. Menschen, die an Magengeschwüren, chronischer Gastritis oder Magensenkung leiden, sollten auf der rechten Seite liegen, weil sich der Zwölffingerdarm auf der rechten Körperseite befindet und sich in dieser Lage der Mageninhalt leichter entleeren kann. Sie können aber auch abwechselnd im Liegen oder Sitzen üben. Die Stärkungsposition sollte erst später und nach einiger Übungszeit hinzugenommen werden, um den Körper zusätzlich zu stärken.

Wählen Sie Ihre Atemtechnik!

Während des Atmens sollten Sie innerlich beruhigende Worte oder Sätze wiederholen

In diesen vier Stellungen führt man nun folgende Atemtechniken aus. Während der »Inneren ernährenden Übung« sollten Sie eine kombinierte Atemregulation verwenden, die sich aus Atmen, Atemanhalten und Zungenbewegungen zusammensetzt. Gleichzeitig wiederholen Sie innerlich Worte oder Sätze, die eine beruhigende Wirkung auf Sie haben. Es gibt drei Atemtechniken für die »Innere ernährende Übung«:

1. Atemtechnik

Halten Sie die Lippen leicht geschlossen. Atmen Sie zuerst durch die Nase ein, und lenken Sie dann den Atem in Ihrer Vorstellung zum Dan-Tien-Gebiet unterhalb des Nabels hinunter. Atmen Sie jetzt nicht sofort wieder aus, sondern halten Sie den Atem ein wenig an. Erst dann atmen Sie langsam aus. Der ganze Vorgang spielt sich folgendermaßen ab: einatmen – Atem anhalten – ausatmen.
Beim Einatmen berühren Sie mit der Zungenspitze den Gaumen, beim Ausatmen senken Sie die Zunge wieder. Gleichzeitig wiederholen Sie innerlich einige beruhigende Worte oder Sätze. Im Allgemeinen beginnt man mit höchstens drei Worten und fügt eventuell allmählich weitere hinzu; verwenden Sie aber nicht zu viele Worte oder zu lange Sätze, und wählen Sie Begriffe, die Ruhe, Entspannung, Schönheit und Gesundheit beinhalten. Die gebräuchlichsten Formulierungen sind: »Ich bin ganz ruhig«, »Ich bin entspannt«, »Ich bin gesund«, »Ich bin ruhig«.
Diese Worte oder Sätze müssen Sie sowohl mit dem Atem als auch mit den Zungenbewegungen koordinieren. Es erfordert erfahrungsgemäß einige Übung, bis dies mühelos und ohne nachzudenken gelingt. Beginnen Sie daher zuerst mit einem einfachen Begriff wie »Stille«, »Ruhe« oder »Heilung«, bevor Sie sich an kleine Sätze wagen.

INFO

Denken Sie Ihre Worte oder Ihren Satz ganz langsam, wenn Sie einatmen, und beim Ausatmen enden Sie damit.

2. Atemtechnik

Atmen Sie durch die Nase oder durch Mund und Nase. Sowohl die Ein- als auch die Ausatmung vollziehen sich langsam und ohne Unterbrechungen oder Atemanhalten. Halten Sie Ihren Atem am Ende jeder Ausatmung ein wenig an. Der Vorgang ist folgendermaßen: einatmen – ausatmen – Atem anhalten.

Wie bei der ersten Technik wiederholen Sie innerlich ein Wort oder einen Satz, beenden aber jeden Begriff oder Satz schon, wenn Sie das Atemanhalten abgeschlossen haben. Bei Beginn der Einatmung berühren Sie mit der Zungenspitze den Gaumen. Senken Sie die Zunge, wenn Sie mit der Ausatmung beginnen, und halten Sie die Zunge so lange gesenkt, bis Sie wieder mit der nächsten Einatmung beginnen.

3. Atemtechnik

ACHTUNG!

Diese Technik ist etwas schwieriger zu lernen und durchzuführen.

Überlegen Sie sich einen Satz mit drei Wörtern, atmen Sie dann durch die Nase ein, und halten Sie den Atem an. Bei der Einatmung denken Sie an das erste Wort, die Zunge berührt dabei den Gaumen. Halten Sie nun den Atem an, und denken Sie dabei an das zweite Wort, ohne dabei die Lage der Zunge zu verändern. Anschließend atmen Sie noch tiefer ein, dabei stellen Sie sich vor, dass Sie den Atem zum Dan Tien hinunterlenken. Gleichzeitig denken Sie an das dritte Wort. Atmen Sie so lange und ruhig aus, bis Sie wieder einatmen müssen, halten Sie dabei den Atem nicht an, und lassen Sie die Zunge wieder herabsinken. Beginnen Sie dann mit einer neuen Folge. Der Vorgang ist folgendermaßen: einatmen – Atem anhalten – wiederum einatmen – ausatmen.

INFO

Die Wiederholung der Worte hat den Zweck, ablenkende Gedanken fernzuhalten. Gleichzeitig unterstützen die Sätze im Laufe der Zeit die physiologischen Vorgänge im Körper, auf die sie abgestimmt sind.
Die Auswahl der entsprechenden Worte ergibt sich aus dem Charakter der jeweiligen Erkrankung. Eine nervöse Person sollte Sätze wie »Ich bin ganz ruhig« oder »Ich bin gesund, ich bin ruhig« wählen. Wenn Sie an Spannungs- und Druckgefühlen im Brustkorb leiden, sollten Sie den Satz wählen: »Ich atme ganz frei.«
Verwenden Sie anfangs nur wenige Worte. Später, wenn Sie gelernt haben, sanft und tief zu atmen, können Sie auch einen längeren Satz nehmen.

Meditationsmethoden für die »Innere ernährende Methode«

Die Sammlung oder Konzentration ist sehr wichtig bei der chinesischen energetischen Therapie

Richten Sie während der Übung Ihre Aufmerksamkeit auf einen Punkt oder eine Zone Ihres Körpers; auf diese Art und Weise können ablenkende Gedanken ferngehalten werden. Es gibt drei verschiedene Methoden, um die Aufmerksamkeit während der »Inneren ernährenden Übung« zu bewahren.

Sammlung auf den Dan-Tien-Punkt

Der Dan-Tien-Punkt stellt eine wichtige Zone beim Qi Gong dar. Er liegt beim Akupunkturpunkt Qi Hai, etwa zwei Fingerbreit unterhalb des Nabels (siehe auch Abb. S. 24). Die alten chinesischen Ärzte waren der Meinung, dass im Qi-Hai-Punkt die Vitalenergie entsteht und gespeichert wird. Wenn Sie täglich Ihre Aufmerksamkeil mehrmals auf das Dan-Tien-Gebiet richten, können Sie alle Arten von Erkrankungen abwehren. Denken Sie an den Dan Tien als eine kleine runde Zone unterhalb des Nabels und 3 bis 5 Zentimeter tief im Inneren des Bauches. Sie spüren dann eine Wärme, die sich allmählich im Unterbauch ausbreitet.

Sammlung auf den Shan-Zhong-Punkt

Richten Sie während der Übung Ihre Aufmerksamkeit auf den Shan-Zhong-Punkt, der auf dem Brustbein genau in der Mitte zwischen den Brustwarzen liegt. Diese Meditation eignet sich besonders für Frauen während der Monatsblutung.

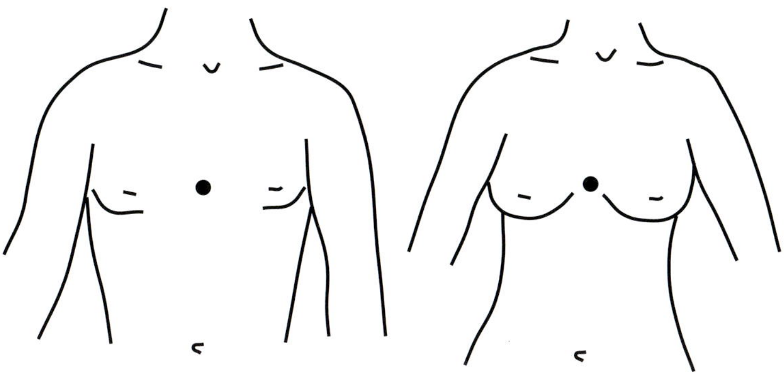

Die Abbildung zeigt den Shan-Zhong-Punkt, der in der Mitte zwischen den Brustwarzen liegt

Sammlung auf die Zehen

Schließen Sie sanft Ihre Augen, sodass nur noch ein Lichtschimmer eindringt. Blicken Sie mit halbgeschlossenen Augen auf Ihre Zehen, und schließen Sie Ihre Augen dann ganz. Stellen Sie sich Ihre Zehen nun bildlich vor.

INFO

Im Allgemeinen ist die innere Sammlung auf den Dan Tien der allerbeste Weg, sie erfüllt Sie mit Ruhe und Energie. Je nach Übungsfortschritt kann man sowohl die Atmung als auch die Bewegung des Zwerchfells damit kombinieren. Diese Übung hilft Ihnen auch, quälende Gedanken zu zerstreuen. Die Sammlung auf die Dan-Tien-Zone kann bei einigen Frauen die Monatsblutung verlängern, deshalb sollten Frauen sich während der Periode eher auf den Shan-Zhong-Punkt in der Mitte des Brustbeins konzentrieren. Wenn sich Ihre Gedanken nicht beruhigen und es Ihnen nicht gelingt, sich auf den Dan Tien zu konzentrieren, sollten Sie dazu übergehen, Ihre Zehen zu visualisieren.

Die »Belebende Übung«

Die »Belebende Übung« macht frisch und fördert die Konzentration

Die »Belebende Übung« besteht aus einer Kombination von verschiedenen leichten Körperhaltungen, die vorwiegend im chinesischen Kulturkreis bekannt sind.

Fünf mögliche Körperhaltungen

INFO

Nicht die Art der Stellung oder Haltung – ob Schneider- oder Lotussitz – ist entscheidend: Es zählt allein, dass die eingenommene Körperhaltung so bequem ist, dass Sie sich entspannen können. Wählen Sie also aus den drei Sitzhaltungen diejenige aus, in der Sie sich am wohlsten fühlen.

1. Schneidersitz

Setzen Sie sich auf ein Kissen, und schlagen Sie die Unterschenkel übereinander. Achten Sie darauf, dass Ihr Rücken gerade ist. Schließen Sie die Augen halb, und entspannen Sie Schultern, Hals und Brustkorb. Legen Sie eine Hand in die Handfläche der anderen, oder umfassen Sie mit einer Hand die andere. Die Unterarme liegen auf den Oberschenkeln auf, und die Hände befinden sich etwa in Bauchhöhe.

Abb. 5a: Der Rücken ist beim Schneidersitz ganz gerade

Abb. 5: Schneidersitz

2. Halblotussitz

Setzen Sie sich hin wie zum Schneidersitz. Legen Sie dann Ihren linken Unterschenkel auf den rechten, während der Spann des linken Fußes gegen den Oberschenkel drückt. Natürlich dürfen die Beine auch gewechselt werden.

Abb. 6: Halblotussitz

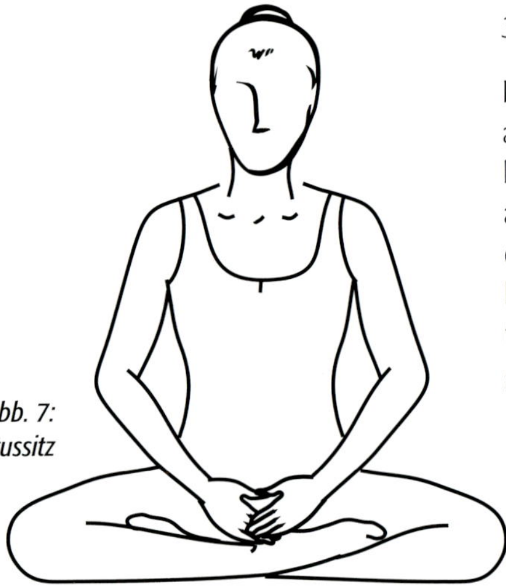

Abb. 7: Lotussitz

3. Lotussitz

Legen Sie den rechten Unterschenkel auf den linken. Heben Sie nun Ihren linken Fuß hoch, und legen Sie ihn auf den rechten Unterschenkel, sodass beide Beine gekreuzt sind und beide Fußsohlen nach oben gerichtet sind. Auch hier können die Beine gewechselt werden.

4. Übung im Stehen

Die Hände halten einen großen, imaginären Ball

Stellen Sie sich aufrecht hin, beide Füße stehen parallel und im Abstand Ihrer Schulterbreite auseinander. Die Knie sollten locker und leicht gebeugt sein (wie bei der Tai-Chi-Grundstellung), der Kopf ist ein wenig geneigt, die Augen sind halb geschlossen. Entspannen Sie Schultern und Brustkorb, beugen Sie die Arme, als ob Sie einen großen Ball halten wür-

ACHTUNG!

Suchen Sie sich für Ihre Übung einen sauberen und ruhigen Platz mit frischer Luft, und achten Sie darauf, dass Sie nicht durch Lärm und plötzliche Geräusche gestört werden.
Dieser Hinweis ist sehr ernst zu nehmen, denn durch plötzliche Geräusche werden Sie aus Ihrem meditativen Zustand gerissen und erleiden einen kleinen Schock, vergleichbar mit dem Aufschrecken aus dem Schlaf. Jeder, der dies schon einmal erlebt hat, weiß, wie lange es dauert, bis sich der Herzschlag wieder normalisiert hat.

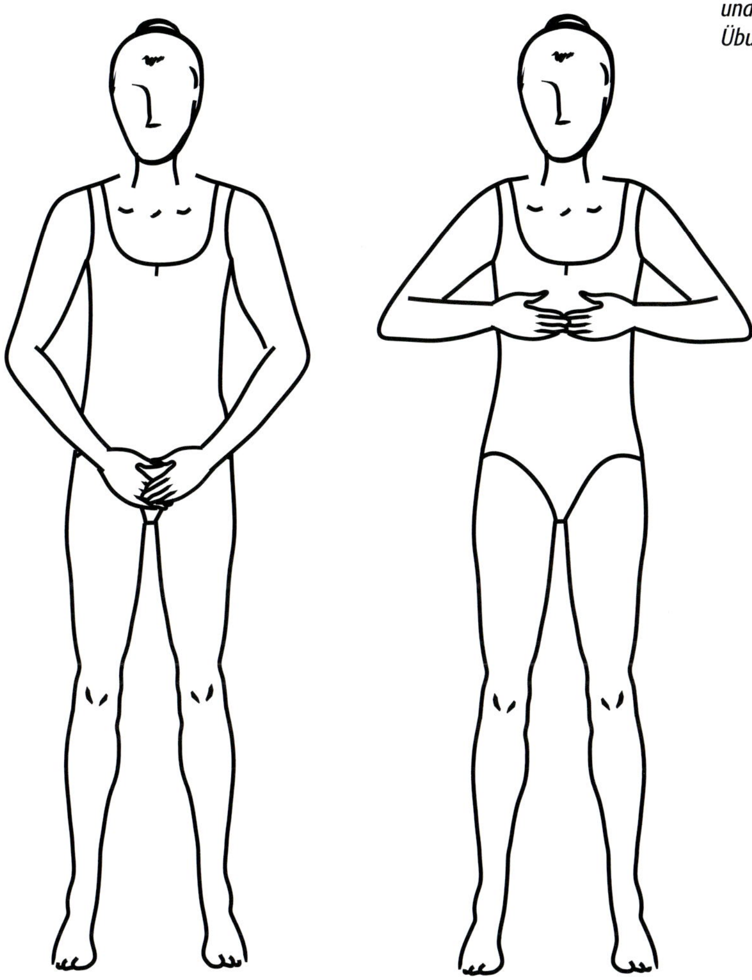

Abb. 8a (Bauch) und 8b (Brust): Übung im Stehen

den. Die Hände befinden sich dabei vor dem Unterbauch, wobei Sie die Daumen von den übrigen Fingern abspreizen (siehe Abb. 8a). Sie können auch Arme und Hände in der gleichen Weise, aber in Brusthöhe in der Schwebe halten (siehe Abb. 8b). Sie können die Übung im Stehen sowohl im Zimmer als auch im Freien ausführen.

INFO

Erschrecken zählt zu den inneren Krankheitsursachen, daher warnen die Chinesen eindringlich davor, einen Menschen aus der Meditation, einer Übung oder dem Schlaf aufzuschrecken. Heute wird häufig die Frage gestellt, ob ein Telefonanruf während der Qi-Gong-Übung beantwortet werden dürfte. Die Antwort lautet: Nein! Denn während der Übung wird, vom Zustand der Meditation einmal abgesehen, die Energie im Körper bewegt und »genährt«. Jede Unterbrechung, bei der zudem noch gesprochen wird, macht diese Arbeit zunichte. Wenn Sie es wirklich nicht aushalten, wenn das Telefon klingelt, dann ziehen Sie lieber den Stecker raus, um für eine halbe Stunde ungestört zu bleiben.

5. Freie Stellung für die »Belebende Übung«

Sie können auch eine andere Stellung als die vorherige einnehmen, je nach Ihrer persönlichen Kondition. Wenn Sie zum Beispiel durch körperliche oder geistige Arbeit erschöpft sind, wählen Sie eine beliebige Stellung, in der Sie Ihren Atem regulieren und sich auf den Dan Tien sammeln. Sie können den ganzen Körper auch beim Gehen entspannen, sich von Müdigkeit befreien, Ihre Kraftreserven wieder aufbauen und sich in jeder Hinsicht etwas Gutes tun. Diese Qi-Gong-Übung können Sie auch ausüben, wenn Sie sich morgens auf dem Weg zur Arbeit befinden oder auf dem Nachhauseweg sind. Ob Sie nun während der Fahrt im Bus, auf einer Parkbank sitzend oder während eines Spaziergangs üben – immer werden Ihnen durch sanfte, ruhige Atemzüge und durch die tiefe Sammlung auf den Dan-Tien-Punkt Ruhe, Entspannung und Kraft zuteil. Je öfter Sie üben, desto selbstverständlicher wird dieses Geschehen. Sie sind tatsächlich nach einiger Übungszeit in der Lage, so etwas wie einen konditionierten Reflex abzurufen: Kaum haben Sie mit der Regulierung des Atems und der Sammlung auf den Dan Tien begonnen, stellen sich reflexartig Entspannung, Ruhe und Energie ein. Genießen Sie diesen Zustand, denn in ihm hat Ihr Körper Gelegenheit, sich selbst aufs Beste zu regulieren und zu heilen.

Wählen Sie Ihre Atemtechnik!

Die folgenden Atemtechniken werden mit den Haltungen der »Belebenden Übung« kombiniert.

Diese Atemtechnik eignet sich besonders dazu, auf dem morgendlichen Weg zur Arbeit ausgeführt zu werden

1. Atemtechnik

Atmen Sie ganz natürlich ein und aus, ohne die Atmung selbst zu regulieren. Ob Sie nun im Bus sitzen, selbst fahren oder gehen: Mit der natürlichen Atmung schöpfen Sie Kraft und Ruhe für den ganzen Tag. Die natürliche Atmung können Sie sowohl vor als auch nach dem Essen anwenden.

INFO

Diese Atmung ist auch für ältere und geschwächte Menschen geeignet oder für solche, die an Erkrankungen der Atemwege oder geschwächten Lungen leiden.

2. Tiefenatmung

Dehnen Sie beim Einatmen Ihren Bauch aus, und versuchen Sie dabei, Ihre Atemzüge möglichst langsam, gleichmäßig und sanft fließen zu lassen. Die gleichmäßige, ruhige Atmung fördert bei Menschen mit Konzentrationsschwäche die Aufnahmebereitschaft für Neues und ist daher ideal für Schüler oder Studenten, die lernen sollten, sie auf dem Schulweg auszuführen. Mit einiger Übung gelingt das nach einigen Tagen, und der Arbeitstag beginnt voller Konzentration und Frische. Durch die Überfütterung durch visuelle und auditive Reize sind unsere Augen und Ohren gleichsam mit Bildern und Klängen so voll gestopft, dass es für viele im-

INFO

Die Atemtechnik ist besonders für Personen geeignet, die an Nervenschwäche, Lernstörungen, Unruhe oder Verdauungsstörungen leiden.

mer schwerer wird, sich zu konzentrieren. Die Tiefenatmung führt dazu, dass unser Nervensystem entlastet wird, und stellt eine echte Hilfe bei diesen Störungen dar.

ACHTUNG!

Diese Tiefenatmung darf nicht kurz nach einer größeren Mahlzeit ausgeführt werden.

Meditationsmethode für die »Belebende Übung«

Auch während Sie die »Belebende Übung« ausführen, sammeln Sie sich die ganze Zeit hindurch innerlich auf das Dan-Tien-Gebiet. Ablenkende Gedanken werden nämlich dadurch vertrieben, und Sie können leichter in einen tiefen Meditationszustand eintreten.

Die »Fitness-Übung«

INFO

Die »Fitness-Übung« hat eine Doppelwirkung: Sie hält den Übenden fit und kann zugleich Gesundheitsstörungen beheben. Besonders gut wirkt sie bei schwachen und älteren Menschen.

Sie können aus den 18 Bewegungen und Körperhaltungen auch einzelne für sich aussuchen, die Ihnen bei Ihren Beschwerden helfen

Die »Fitness-Übung« besteht aus 18 Bewegungen oder Körperhaltungen, die einzeln oder hintereinander als gesamte Übungsfolge durchgeführt werden. Wenn Sie dagegen nur etwas für Ihre Schultern oder Zähne tun möchten, dann wählen Sie aus dem Angebot nur die zwei oder drei Übungen aus, die bei diesen Beschwerden helfen. Ich kenne etliche Menschen, die auf die Fitness-Übung schwören, da sie ihnen zum Beispiel dazu verhilft, den Winter ohne die üblichen Erkältungen zu überstehen. Die Fitness-Übung wird von den Chinesen als eine Art »Hausapotheke« der Bewegung angesehen. Sie findet begeisterte Anwendung in jeder Fa-

milie. Auch in Schulen und Fabriken wird sie morgens vor Beginn der Arbeit von allen Schülern oder Arbeitern gemeinsam geübt. Man hat festgestellt, dass durch dieses tägliche Morgenritual die Konzentration und Arbeitskraft gesteigert wird. In Fabriken kam es zu signifikant weniger Arbeitsunfällen und Erkrankungen, daher sind diese Übungen hier vor Arbeitsbeginn obligatorisch.
Die zu verwendenden Atemtechniken wurden bereits bei den ersten beiden Übungen (»Innere ernährende Übung« (siehe S. 46 ff.) und »Belebende Übung« » (siehe S. 45 ff.) beschrieben.

I. Stillsitzen

»Stillsitzen« ist eine Art der Meditation und daher eine gute Vorbereitung auf die späteren Übungen

Setzen Sie sich im Schneidersitz auf den Boden. Die Augen sind halb geschlossen, Schultern und Brustkorb sollten entspannt sein. Berühren Sie mit der Zungenspitze den Gaumen, legen Sie den Daumen in die Handfläche, und umschließen Sie ihn locker mit den anderen Fingern; die Fäuste ruhen dabei auf den Knien. Richten Sie Ihre Aufmerksamkeit auf den Dan-Tien-Punkt, und atmen Sie etwa 50-mal durch die Nase ein und aus. Anfänger sollten diese Übung zunächst mit der natürlichen Atmung beginnen und erst allmählich zur Tiefenatmung übergehen.

Abb. 9: Stillsitzen

INFO

Das Stillsitzen führt zu tiefer innerer Ruhe, es vertreibt unruhige Gedanken, entspannt die Muskulatur und beruhigt den Atem.

INFO

Wenn Sie die Tiefenatmung 50-mal ausführen, wächst das Sauerstoffvolumen der Lunge an, und die Blutzirkulation verbessert sich.

Abb. 10a: Ohrenmassage

2. Ohrenmassage

Massieren Sie Ihre Ohren 18-mal mit den Händen (Abb. 10a). Pressen Sie als Nächstes die Handflächen auf die Ohren, die Finger liegen dabei auf dem Hinterkopf auf (Abb. 10b). Heben Sie nun den Zeigefinger, und legen Sie ihn auf den Mittelfinger; lassen Sie dann den Zeigefinger 24-mal vom Mittelfinger auf den Hinterkopf herabschnellen. Dabei entsteht ein trommelähnliches, hohles Geräusch, das von den Chinesen die »Himmlische Trommel« oder »Himmelstrommel« genannt wird.

Abb. 10b: Ohrenpressen

Abb. 10c: Haarekämmen

INFO

Diese Übung stimuliert die Gehörnerven, verbessert das Gehör und beugt Erkrankungen des Ohres vor. Die »Himmlische Trommel« steigert die Konzentration, stärkt das zentrale Nervensystem, verbessert die Funktionen von Herz und Lunge und wirkt zugleich lindernd bei Kopfschmerzen und Schwindel. Probieren Sie einmal diese Übung, wenn es Ihnen schwer fällt, sich auf etwas zu konzentrieren.

»Himmelstrommeln« wirkt noch besser, wenn Sie es mit der Übung »Haarekämmen« verbinden. Dazu nehmen Sie Ihre Finger etwas auseinander und machen sie rund, bis sie einem grobzinkigen Kamm gleichen. Durchfahren Sie nun mit diesem »Kamm« den gesamten Kopf und zwar von der Stirn her bis hinunter zum Haaransatz im Nacken. Massieren Sie die Kopfhaut währenddessen kräftig mit den Fingernägeln.

Die Massage der Kopfhaut macht wach und fördert die geistige Konzentration

INFO

Auch diese Übung ist hervorragend dazu geeignet, die geistige Ermüdung beim Studieren aufzuheben. Sie erfrischt den ganzen Kopf und die Augen und wirkt ebenfalls stark konzentrationsfördernd.

3. Zähneklappern

Lassen Sie Ober- und Unterkiefer 36-mal leicht aufeinander klappern. Klappern Sie dabei nicht zu fest mit den Zähnen; es soll nur ein leises Geräusch zu hören sein.

INFO

Das Zähneklappern verbessert die Durchblutung des Gaumens, hält die Zähne kräftig, beugt Erkrankungen von Zähnen und Zahnfleisch vor, gleichzeitig sorgt es für einen reichlichen Speichelfluss.

4. Zungenbewegungen

Mit Zungenbewegungen regen Sie Ihre Verdauung an

Bewegen Sie Ihre Zunge jeweils 18-mal im Uhrzeigersinn und 18-mal gegen den Uhrzeigersinn, indem Sie damit an den Zähnen des Ober- und Unterkiefers entlanggleiten.

INFO

Diese Bewegung erzeugt reichlich Speichel. Schlucken Sie den Speichel nicht auf einmal herunter, sondern befeuchten Sie zuerst Ihre Mundhöhle damit.

5. Befeuchten mit Speichel

Bewegen Sie Ihre gesamte Mund- und Wangenmuskulatur 36-mal kreisförmig, und sorgen Sie dafür, dass die Mundhöhle gut mit Speichel befeuchtet wird. Schlucken Sie dann den Speichel in drei kleinen Schlückchen hinunter, und stellen Sie sich dabei bildlich vor, dass der Speichel bis zum Dan Tien hinunterfließt. Am besten gelingt diese Übung, wenn Sie mit den Lippen eine Schnute machen und sie dann kreisförmig hin und her bewegen. Das sieht zwar ziemlich komisch aus, aber Sie müssen sich ja nicht dabei zuschauen lassen.

INFO

Die Zungenbewegung und das Befeuchten mit Speichel regen die Produktion der Magensäfte an und verbessern Verdauung und Appetit.

Tatsächlich ersetzt das »Befeuchten mit Speichel« den Espresso oder Schnaps nach dem Essen, dafür sorgen die Fermente und Enzyme, die natürlicherweise in unserem Speichel vorhanden sind. Wenn Sie sich einmal daran gewöhnt haben, werden Sie diese Übung nicht mehr missen wollen. Da die meisten Verdauungsbeschwerden entstehen, weil wir zu schnell essen und die Nahrung zu wenig zerkleinern, verhilft das »Befeuchten mit Speichel« nachträglich dazu, die Speisen aufzuschlüsseln.

Noch besser wäre es natürlich, wenn Sie schon während des Essens besser kauen und es einspeicheln würden.

INFO

Der Speichel gilt bei den Chinesen als Träger von Qi und Heilkraft. Wenn Sie also Ihren eigenen Speichel schlucken, nehmen Sie zugleich ein vom Körper selbst produziertes Medikament ein. An der Veränderung des Geschmacks können Sie gleichzeitig eine Veränderung zur Gesundheit hin feststellen. Bei Organstörungen schmeckt der Speichel, je nach Art der Erkrankung, salzig, bitter, faulig oder scharf. Wenn Sie gesund sind, schmeckt der Speichel süß.

6. Nasenreiben

Reiben Sie Ihre beiden Daumen so lange aneinander, bis sie warm sind (siehe Abb. 11a). Legen Sie die Daumen dann an die Seite der Nase, und reiben Sie 18-mal an den Nasenflügeln entlang (siehe Abb. 11b).

Abb. 11a: Daumenreiben

Abb. 11b: Nasenreiben

INFO

Das Reiben der Nase verbessert die Widerstandskraft des Atemtraktes gegen Krankheitserreger, es beugt sowohl chronischen Nasenerkrankungen als auch akutem Schnupfen vor. Ebenso schnell heilt es Verengungen der Nasengänge.

ACHTUNG!

Die Übung funktioniert natürlich nur dann, wenn die Verengung aufgrund von Schwellungen oder Verdickungen der Nasenschleimhäute entstanden ist. Beruht die Verengung auf einer Fehlstellung der knöchernen Nase, tritt natürlicherweise keine Verbesserung durch diese Übung ein.

7. Augenübung

Schließen Sie die Augen halb. Biegen Sie Ihre Daumen nach innen, und streichen Sie mit den Daumenknöcheln 18-mal sanft waagerecht über die Lider (siehe Abb. 12a). Anschließend massieren Sie sich 18-mal die Au-

Abb. 12a: Liderstreichen waagerecht

Abb. 12b: Augenbrauenmassage mit Daumenknöchel

genbrauen mit dem Daumenknöchel (siehe Abb. 12b). Danach bewegen Sie die Augäpfel bei geschlossenen Augen und lassen sie jeweils 18-mal kreisförmig im Uhrzeigersinn und gegen den Uhrzeigersinn kreisen. Achten Sie darauf, dass Sie wirklich in jeden einzelnen Kreisabschnitt hineingeblickt haben. Versuchen Sie möglichst nicht zu mogeln, indem Sie Abschnitte, die Ihnen unangenehm sind, einfach überspringen.

INFO

Diese Übung stärkt die Augenmuskulatur, verbessert die Konzentration, aktiviert die Blutzirkulation, beugt Augenerkrankungen und Augenmüdigkeit vor und heilt sie; auch die Sehkraft wird verbessert. Wenn Sie viel fernsehen oder am Computer arbeiten, ist diese Übung genau richtig für Sie, denn sie verbessert die Blutzirkulation um das Auge herum.

8. Gesichtsmassage

Reiben Sie Ihre Handflächen so lange aneinander, bis sie warm sind: Legen Sie dann die Hände auf die Stirn, und massieren Sie sich Stirn, Augen, Nase und Kinn. Danach führen Sie die Massagebewegung nochmals in entgegengesetzter Richtung aus und streichen jeweils 36-mal von unten nach oben.

INFO

Diese Übung stimuliert die Gesichtsnerven, regt die Blutzirkulation an und verleiht dem Gesicht einen rosigen Farbton. Wenn Ihr Teint zu wünschen übrig lässt und schlecht durchblutet oder unrein ist, sollten Sie die Gesichtsmassage anwenden.

9. Nackenübung

Falten Sie die Hände im Nacken (siehe Abb. 13a). Sehen Sie dabei nach oben. Drücken Sie nun den Hals mit Ihren gefalteten Händen nach vorne, und versuchen Sie dann, den Hals gegen den Widerstand Ihrer Hände nach hinten zu schieben. Wiederholen Sie das drei- bis neunmal (siehe Abb. 13b).

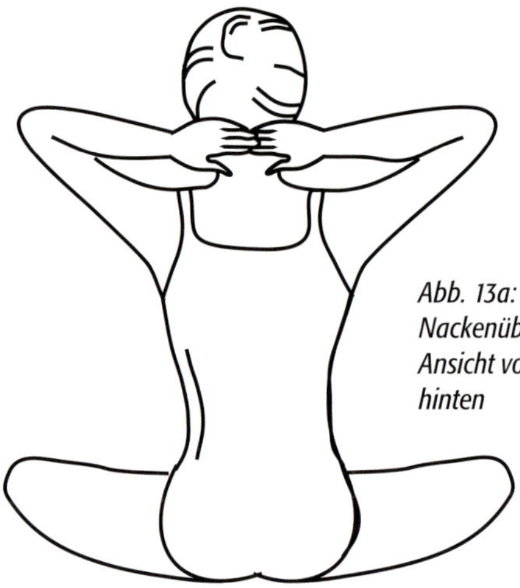

Abb. 13a: Nackenübung: Ansicht von hinten

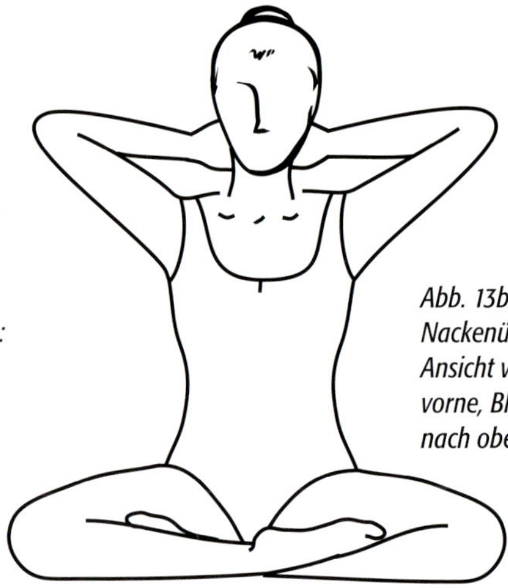

Abb. 13b: Nackenübung: Ansicht von vorne, Blick nach oben

INFO

Diese Übung verbessert die Blutzirkulation und entspannt den großen Nackenmuskel, sie lockert auch die kleineren Muskeln und Sehnen, weiterhin hilft sie bei Schulterschmerzen und Schwindel.

Viele Menschen leiden heutzutage unter einer stark verspannten Nackenmuskulatur, in einzelnen Fällen kann das sogar bis zu Kopfschmerzen und Migräne führen. Da ich weiß, wie gut sich solche Patienten nach einer Nacken- und Halsmassage fühlen, empfehle ich diese Übung allen, die zu diesen Problemen neigen.

ACHTUNG!

Übertreiben Sie jedoch diese Nackenübung nicht. Beginnen Sie zunächst mit sanften Bewegungen, und machen Sie vor allem keinen Kraftakt daraus, sonst könnten noch stärkere Verspannungen die Folge sein.

10. Schultermassage

Massieren Sie Ihre rechte Schulter 18-mal knetend und kreisend mit der linken Hand und anschließend die linke Schulter 18-mal mit der rechten Hand.

INFO

Diese Übung regt die Blutzirkulation an, sie erwärmt und massiert die Schultergelenke und wirkt vorbeugend und heilend bei allen Beschwerden dieser Gelenke, auch bei Arthritis und Arthrose.

11. Armschwingen

Schließen Sie die Hände zu einer lockeren Faust. Biegen Sie nun das Ellbogengelenk in einem Winkel von 90 Grad ab (siehe Abb. 14a). Schwin-

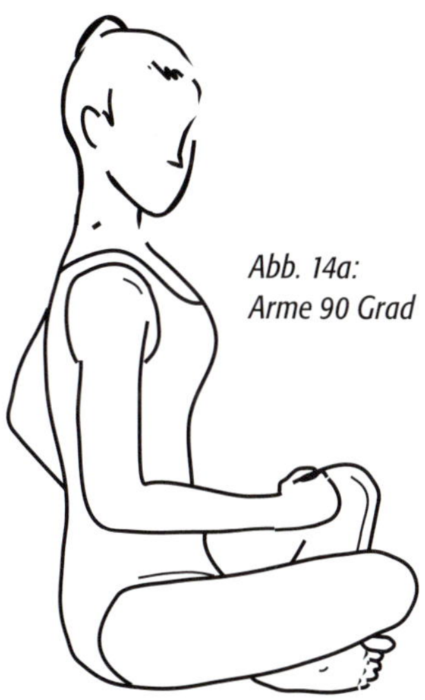

Abb. 14a: Arme 90 Grad

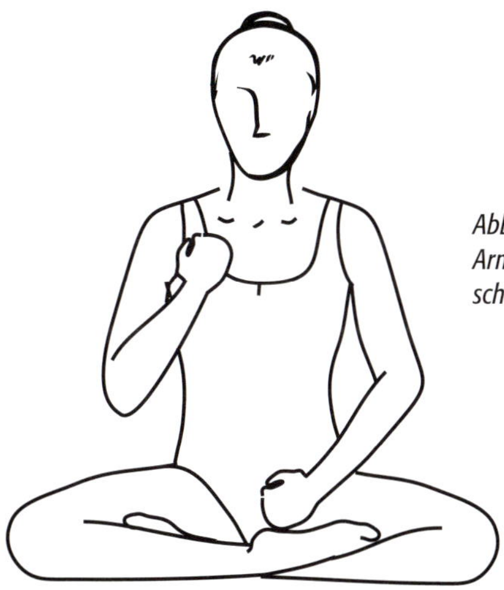

Abb. 14b: Arme schwingend

gen Sie dann die Arme in dieser Haltung jeweils 18-mal vor und wieder zurück (siehe Abb. 14b).

INFO

Diese Übung stärkt die Muskulatur der Schulterblätter und des Brustkorbs. Sie regt die Blutzirkulation an und verbessert die Funktion der inneren Organe.

12. Rückenmassage

Die Chinesen reiben sich häufig mit den Fäusten die Nierengegend, um die Lebensenergie zu mobilisieren

Reiben Sie Ihre Handflächen aneinander, bis sie warm sind; legen Sie dann die Hände auf den Rücken, und reiben Sie damit 18-mal auf und ab (Abb. 15).

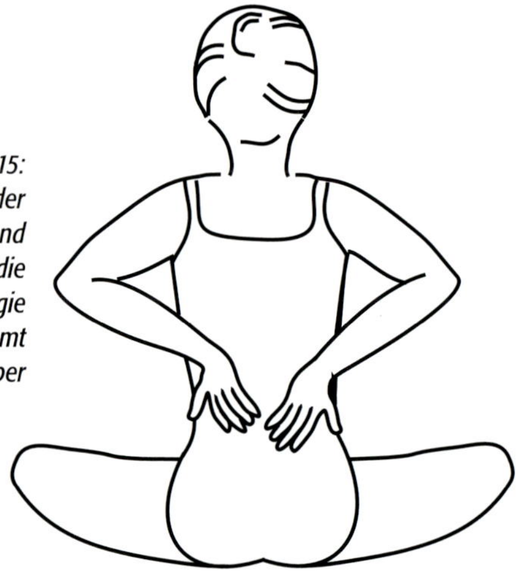

Abb. 15: Das Reiben der Nierengegend steigert die Lebensenergie und durchwärmt den Körper

Die beiden Organe (Nieren und Nebennieren) gelten in der chinesischen Medizin neben den Sexualdrüsen als Speicher der Lebensenergie, deshalb ist es bei Chinesen ganz üblich, sich ab und zu einmal fest die Nierengegend mit den Fäusten zu reiben, um die Lebensenergie anzuregen.

INFO

Diese Übung verhindert Rückenschmerzen und wirkt hier auch vorbeugend, ebenso heilt und verhindert sie Amenorrhoe (Ausbleiben der Periode). Sie entspannen und erwärmen mit dieser Massage nicht nur den Rücken, sondern behandeln zusätzlich auch die Nieren und Nebennieren.

13. Kreuzbeinmassage

Massieren Sie Ihr Kreuzbein mit dem Zeige- und Mittelfinger, indem Sie 36-mal eine Aufundabbewegung ausführen (Abb. 16).

Abb. 16: Kreuzbeinmassage mit Mittel- und Zeigefingern. Diese Massage hilft bei Rückenschmerzen und Entzündungen im Unterbauch.

INFO

Diese Übung erwärmt und entspannt das Kreuzbein. Sie wirkt dadurch nicht nur wohltuend auf die untere Wirbelsäule, sondern auch über die Reflexzonen auf die Organe im Unterbauch, wie Darm, Harnblase und die Keimdrüsen. Aber Achtung: Bei Entzündungen und Reizungen dieser Organe schmerzt das Kreuzbein und ist sehr berührungsempfindlich.

INFO

Wenn Sie die Massage etwas stärker ausführen wollen, können Sie auch noch das Gebiet des Steißbeins mit einbeziehen. Dadurch werden die Nerven im Aftergebiet stimuliert und die Blutzufuhr angeregt, deshalb ist sie ein gutes Vorbeugungs- und Heilmittel bei Analfisteln und Hämorrhoiden.

14. Massage des Dan Tien

Diese Massage hilft bei Bauchschmerzen und Impotenz

Reiben Sie Ihre Handflächen so lange aneinander, bis sie warm geworden sind. Legen Sie dann die linke Handfläche auf den Dan Tien oder den Unterbauch, und streichen Sie 100-mal langsam im Uhrzeigersinn kreisför-

INFO

Die Massage des Dan Tien fördert die Peristaltik des Gastrointestinaltraktes (Magen-Darm-Traktes) und verbessert dadurch die Verdauung, sie lindert abdominale Spannungen und hilft bei Verstopfung.

Abb. 17a: Dan-Tien-Massage. Kreis im Uhrzeigersinn mit der linken Hand

Abb. 17b: Dan-Tien-Massage. Kreis gegen den Uhrzeigersinn mit der rechten Hand

INFO

Nach Ansicht chinesischer Ärzte stärkt es die Sexualkraft beim Mann und kräftig die Nieren, wenn er während der Massage mit der anderen Hand seine Hoden hält.

mig um den Nabel (Abb. 17a). Reiben Sie nun wiederum die Handflächen, bis sie warm sind, und massieren Sie mit der rechten Hand das Gebiet um den Nabel 100-mal gegen den Uhrzeigersinn (Abb. 17b).

15. Kniemassage

Massieren Sie Ihre Knie 100-mal mit den Händen, führen Sie eine kreisförmige Bewegung aus, und massieren Sie beide Knie gleichzeitig (Abb. 18).

INFO

Diese Übung kräftigt die Beine und wirkt vorbeugend gegen Arthritis.

Abb. 18: Kniemassage beidhändig

INFO

Neuerdings haben die chinesischen Mediziner entdeckt, dass an jedem Knie zwei Akupunkturpunkte liegen, mit denen sich ein zu hoher Blutdruck senken lässt. Ich empfehle Ihnen daher, diese Kniemassage auch einmal unter diesem Gesichtspunkt zu betreiben.

16. Massage des Yong-Quan-Punktes

Massieren Sie den Yong-Quan-Punkt, der im mittleren Teil Ihrer Fußsohle liegt.
Beginnen Sie, die rechte Fußsohle mit dem Zeige- und Mittelfinger Ihrer rechten Hand 100-mal zu massieren (Abb. 19a), massieren Sie anschließend die linke Fußsohle mit der linken Hand ebenfalls 100-mal (Abb. 19b).

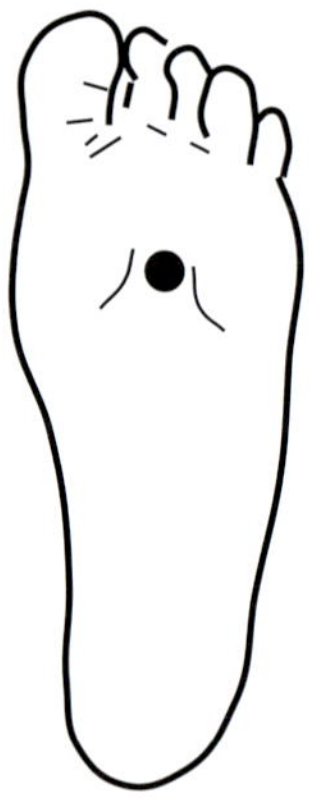

Die Zeichnung zeigt die Lage des Yong-Quan-Punktes

INFO

Diese Übung tut nicht nur den Füßen selbst gut, sondern sie reguliert auch die Funktion des Herz-Kreislauf-Systems und hilft bei Schwindel. Auch wirkt sie sich, regelmäßig durchgeführt, stabilisierend auf den Blutdruck aus, das heißt, ein zu hoher Blutdruck wird gesenkt, während ein zu niedriger angehoben wird.

Abb. 19a: rechter Fuß/ rechte Hand

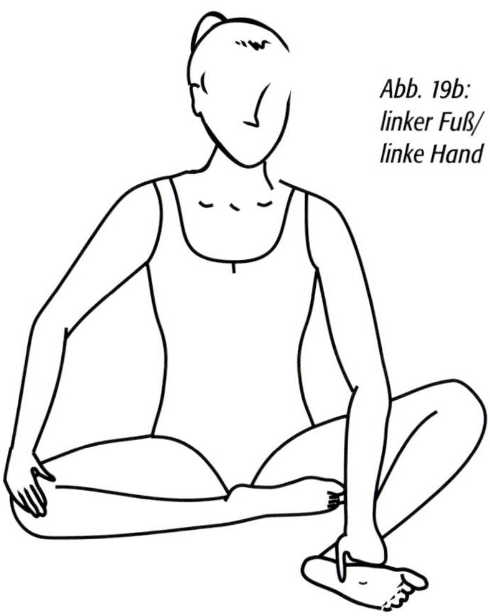

Abb. 19b: linker Fuß/ linke Hand

INFO

Besonders zu empfehlen ist die Massage des Yong-Quan-Punktes, wenn Sie unter Schlaflosigkeit oder Einschlafstörungen leiden oder kalte Füße haben. Solche Menschen sollten sich die tägliche Fußmassage vor dem Zubettgehen zur Gewohnheit werden lassen.

17. Weberübung

Diese Übung hilft bei Rückenschmerzen und unterstützt den Stoffwechsel

Setzen Sie sich mit ausgestreckten Beinen auf den Boden, die Knie sind durchgedrückt und die Zehen zeigen nach oben. Winkeln Sie nun die Arme vor der Brust ab, und drehen Sie die Hände dabei so, dass die Handflächen nach außen und vorne sehen (Abb. 20a). Schieben Sie nun Ihre Hände in Richtung der Füße, beugen Sie dabei den Oberkörper nach vorne, und atmen Sie gleichzeitig aus (Abb. 20b). Wenn Sie mit den Händen die Füße erreicht haben, drehen Sie die Handflächen nach innen und ziehen die Hände zum Brustkorb zurück; atmen Sie dabei ein (Abb. 20c). Führen Sie diese Streck- und Ziehbewegung jeweils 30-mal aus.

Abb. 20a: Arme vor der Brust

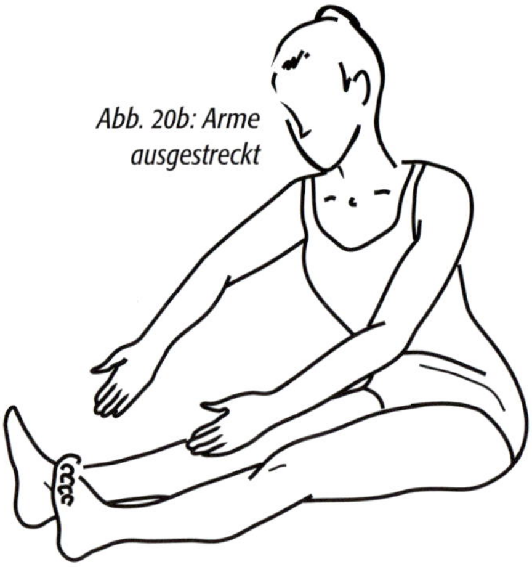

Abb. 20b: Arme ausgestreckt

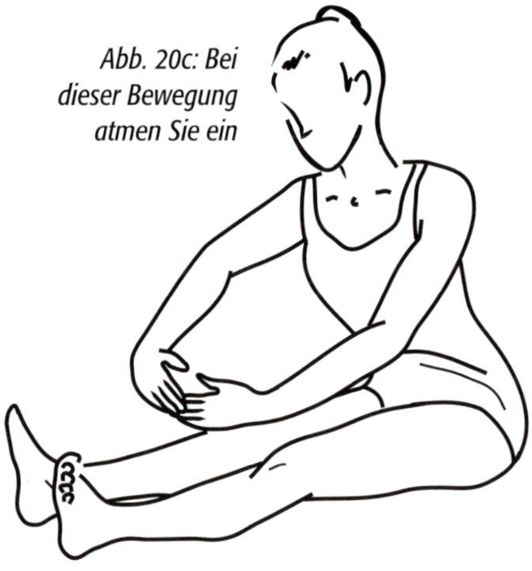

Abb. 20c: Bei dieser Bewegung atmen Sie ein

INFO

Die Weberübung wirkt auf den ganzen Körper, besonders aber auf die gesamte Rückenmuskulatur; sie fördert den Stoffwechsel und hilft bei Rückenschmerzen.

18. Rumpfkreisen

Setzen Sie sich im Schneidersitz auf den Boden. Legen Sie die Hände locker übereinander in den Schoß. Bewegen Sie dann Ihren Oberkörper kreisförmig zuerst von links nach rechts und dann von rechts nach links jeweils 16-mal. Atmen Sie ein, wenn Sie den Brustkorb nach vorne beugen (Abb. 21a), und atmen Sie aus, wenn Sie sich nach hinten lehnen (Abb. 21b).

Abb. 21a: Brust vorbeugen

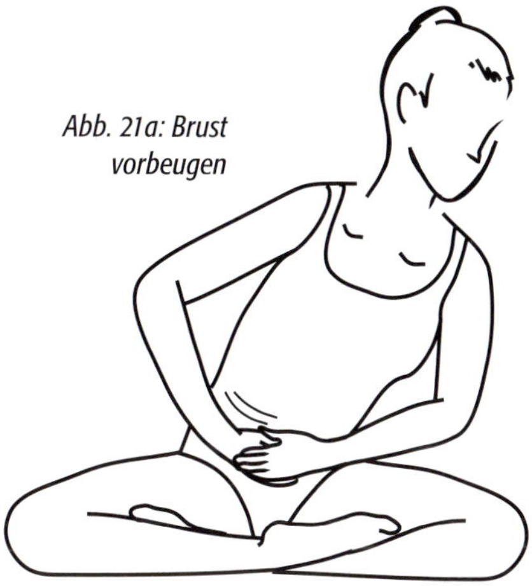

Abb. 21b: Brust zurück

INFO

Diese Übung kräftigt die Wirbelsäule und stärkt die Nieren und Nebennieren, sie stimuliert die Verdauungsorgane und unterstützt eine regelmäßige Verdauung.
Diese Wirkungen können entstehen, weil während des Rumpfkreisens wichtige Akupunkturpunkte, die mit den Nieren und dem Darm verbunden sind, angeregt werden.

Im Folgenden werden noch weitere Übungen beschrieben, mit denen Sie Ihr Übungsprogramm und die Grundübungen ergänzen und intensivieren können.

»Inneres Tai Chi«

Bei dieser Übung können Sie sogar während des Gehens Kraft und Entspannung tanken

Diese wunderbare Übung, die Sie zu innerem Frieden führt, können Sie in mehreren Haltungen durchführen.

INFO

Sie ist ideal, um auf dem morgendlichen Weg zur Arbeit Kräfte zu sammeln. Abends wirkt sie entspannend, da sie vom Stress des Tages befreit.

Vier mögliche Körperhaltungen

1. Rückenlage

Wie bei der »Inneren ernährenden Übung« (siehe S. 46).
Legen Sie sich flach auf den Rücken. Stützen Sie Kopf, Schultern und Rücken mit 35 bis 45 Zentimeter dicken Polstern oder Kissen ab, sodass sich ein Gefälle bildet. Entspannen Sie sich, Arme und Beine sind natürlich ausgestreckt. Die Augen sind halb geschlossen. Sie können auch auf einer Liege mit verstellbarer Rückenlehne üben, dann brauchen Sie keine Kissen zu verwenden.

2. Sitzen

Wie bei der »Inneren ernährenden Übung«.

3. Stehen

Wie bei der Eröffnungsstellung des Tai Chi, das heißt, die Füße stehen leicht gespreizt und parallel auf dem Boden.

4. Gehen

Gehen Sie locker und entspannt.

Meditationsmethoden für die »Inneres Tai Chi«

Es gibt vier Methoden, um sich innerlich zu sammeln.

1. Methode

Stellen Sie sich während des Ausatmens vor, dass Sie die Vitalenergie vom Dan-Tien-Gebiet aus hinunter zum untersten Punkt des Rumpfes (Perineum, Damm) lenken. Von dort lassen Sie dann die Energie langsam zu den Oberschenkeln, Knien, Unterschenkeln bis zu den Fußsohlen herabsinken.

2. Methode

Stellen Sie sich während des Einatmens vor, dass Sie die Vitalenergie von den Fußsohlen hinauf zu den Unterschenkeln, Knien, Oberschenkeln und von da bis zum Damm hin leiten. Von dort lassen Sie die Energie dann in das Gebiet von Dan Tien und Ming Men aufsteigen. Der Ming-Men-Punkt liegt in gleicher Höhe wie der Dan-Tien-Punkt, aber auf der rückwärtigen Körperseite und genau auf der Wirbelsäule. Wenn Ihnen das gelungen ist, lassen Sie die Energie dort eine Zeit lang verweilen und lenken sie dann wieder zu den Fußsohlen hinunter.

3. Methode

Während des Einatmens stellen Sie sich vor, dass Sie die Vitalenergie zum Dan Tien hinunter lenken. Beim Ausatmen leiten Sie die Energie vom Dan Tien hinauf zum Mund.

4. Methode

Wenn Sie auf dem Rücken liegend üben wollen, legen Sie die ausgestreckten Beine übereinander und drücken mit dem oberen Fuß auf den Spann des unteren. Dort liegt der Jie-Xi-Punkt, der zum Magenmeridian gehört und in der Mitte der vorderen Sprunggelenksquerfalte liegt.

Diese Technik hilft Ihnen bei zu hohem Blutdruck und Schlafproblemen

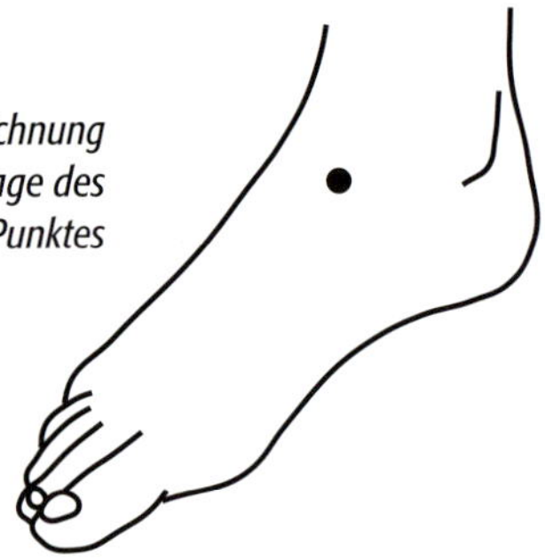

Die Zeichnung zeigt die Lage des Jie-Xi-Punktes

Lenken Sie bei der Ausatmung die Energie zu diesem Punkt oder zur Fußsohle.

INFO

Diese Übung ist bei hohem Blutdruck und bei Schlaflosigkeit hilfreich.

Wählen Sie Ihre Atemtechnik!

Natürliche Atmung

Die richtige Atmung und heilsame Vorstellungen bringen Harmonie und Gesundheit

Anfänger sollten es mit dieser Atmung versuchen und sanfte, langsame, gleichmäßige und langgezogene Atemzüge machen. Zuerst atmen Sie nur mit der Lunge, im weiteren Verlauf können Sie dann allmählich zur Bauchatmung übergehen.

Lenkung der Vitalenergie

Stellen Sie sich vor, dass die gesamte Energie Ihres Körpers langsam zu den Fußsohlen herabsinkt, während Sie ausatmen. Atmen Sie dann ein, und lenken Sie die Vitalenergie von den Fußsohlen über die Unterschenkel, die Knie, die Oberschenkel und den Damm hinauf zum Ming-Men-Punkt, der auf dem Rücken liegt. Bei Beginn des nächsten Ausatmens lenken Sie die Vitalenergie vom Ming Men wieder zurück zu den Fußsohlen. Wiederholen Sie diesen Kreislauf.

Atemanhalten

Üben Sie im Stehen, und lenken Sie die Vitalenergie bei der Ausatmung zu den Fußsohlen hinab. Halten Sie den Atem kurz an, atmen Sie dann wieder ein, und lenken Sie die Energie langsam von der Sohle über die Unterschenkel, Knie, Oberschenkel und den Damm zum Ming-Men-Punkt hinauf. Ballen Sie beim Einatmen die Hände fest zusammen, krallen Sie sich mit den Zehen am Boden fest, und berühren Sie mit der Zunge das Gebiet des Gaumens. Beim Ausatmen lenken Sie die Energie vom Ming Men wieder zu den Fußsohlen hinunter; lockern Sie dabei wieder Ihre Hände und Zehen, und entspannen Sie den ganzen Körper. Mit der Zeit sollten Sie dazu in der Lage sein, den Atem etwas länger anzuhalten. Die Schilderung der Übung klingt zwar recht anstrengend, sie sollte aber trotzdem so locker und entspannt wie möglich ausgeführt werden. Ich empfehle Ihnen, sie zuerst nicht allzu lange durchzuführen.

INFO

Sie werden feststellen, dass sie ein hervorragendes Mittel ist, um sehr schnell Spannungen abzubauen.

Sinken der Vitalenergie

Bei dieser Atemtechnik wird die Lebensenergie durch den ganzen Körper gelenkt

INFO

Diese Technik hilft besonders Anfängern und schwächeren Personen, vor allem, wenn sie an hohem Blutdruck, an Schlaflosigkeit oder vegetativer Dystonie, einer sehr häufigen Funktionsstörung des autonomen Nervensystems, leiden.

Sie können jede der vorgeschlagenen Haltungen auswählen, am besten und einfachsten zugleich ist jedoch, wenn Sie auf dem Rücken liegen und den Kopf mit einem Kissen unterstützen. Entspannen Sie Ihren ganzen Körper, beobachten Sie nur das Ausatmen. Die Einatmung lassen Sie ganz von selbst kommen. Während Sie ausatmen, lenken Sie die Vitalenergie vom Ming Men durch den Damm, die Oberschenkel, Knie und

Unterschenkel bis zum mittleren Teil der Fußsohle. Beobachten Sie die Atmung ruhig, und versuchen Sie nicht, sie zu kommandieren, sonst kann das zu Atemstockungen und Verspannungen führen.

INFO

Wenn Sie eine Zeit lang geübt haben, können Sie fühlen, wie die Vitalenergie zu den Sohlen sinkt und Sie dabei warme Füße bekommen.

Entspannungsübung

Die Entspannungsübung lockert Verkrampfungen

Diese Übung lockert alle Teile des Körpers und vertreibt jede Art von Spannung.

INFO

Sie werden sich sehr bald wohl fühlen und können quälende Gedanken und Alltagssorgen von sich weisen. Anfängern dient diese Übung auch als Vorbereitung zur »Inneren ernährenden Übung«.

Drei mögliche Körperhaltungen

Hier können Sie zwischen der Rücken-, Seitenlage oder der Haltung im Sitzen wählen.

Wählen Sie Ihre Atemtechnik!

Bei der Entspannungsübung sind die »Natürliche Atmung« oder die »Bauchatmung« anzuraten. Wiederholen Sie bei der Ausatmung innerlich das Wort »Ruhe«.

Meditationsmethode für die Enspannungsübung

Richten Sie Ihre Aufmerksamkeit auf den Dan-Tien-, Ming-Men- oder Yong-Quan-Punkt, auf andere Ihnen bekannte Akupunkturpunkte oder einfach auf den Unterbauch. Es empfiehlt sich, bei diesen Energiezonen zu bleiben, die alle am Unterkörper zu finden sind.

Die Entspannung breitet sich von oben nach unten im Körper aus

ACHTUNG!

Werden nämlich von ungeübten Personen höher liegende Punkte am Brustkorb oder gar am Kopf mit einer falschen Atemtechnik beatmet, so kann es zu Atem- und Herzbeschwerden oder zu Kopfschmerzen, Benommenheit und Schwindel kommen. Wenn Sie andere Punkte beatmen möchten, rate ich Ihnen, dies vorerst nur unter der persönlichen Anleitung eines Heilkundigen der chinesischen Medizin zu tun.

Wiederholen Sie innerlich den Satz: »Ich bin ganz ruhig«, und stellen Sie sich dabei vor, dass sich Ihr ganzer Körper der Reihe nach entspannt – Kopf, Gesicht, Nacken, Schultern, Arme, Ellbogen, Handgelenke, Finger, Brust, Bauch, Rücken, Oberschenkel, Knie, Unterschenkel, Fußspann, Fersen und Sohlen. Lassen Sie Ihre Aufmerksamkeit auf jedem dieser Körperteile ruhen, und wiederholen Sie zwei- bis dreimal: »Ich bin ganz ruhig.« Vollenden Sie diese ganze Abfolge dreimal von Kopf bis Fuß.

Richten Sie Ihre Aufmerksamkeit auf eine besonders verspannte Stelle Ihres Körpers, und lockern Sie auch dieses Gebiet. Sie können Ihren Körper auf zwei verschiedene Arten entspannen:

- Entspannen Sie den ganzen Körper von Kopf bis Fuß, indem Sie sich vorstellen, dass Wasser an Ihrem Körper herabfließt, und alle Spannung mit sich nimmt.
- Richten Sie Ihre Aufmerksamkeit auf den ganzen Körper, und stellen sich vor, dass er sich als Ganzes von innen heraus lockert und entspannt.

Qi Gong im Gehen

Eine Übung, die ungemein erfrischt

Die Qi-Gong-Übung im Gehen ist im chinesischen Bereich wohlbekannt. Es gibt vielerlei Variationen dieser Bewegungsübung, einige davon werden im Zeitlupentempo derart langsam ausgeführt, dass der Übende für eine Strecke von zehn Metern zwanzig Minuten benötigt. Ein so langsamer Ablauf setzt natürlich voraus, dass der Betreffende schon viel Übung hat und auch gut bei Kräften ist, denn dieses äußerst langsame, beherrschte Gehen, während dessen die Fußsohle millimetergenau abgerollt wird, ist sehr anstrengend.

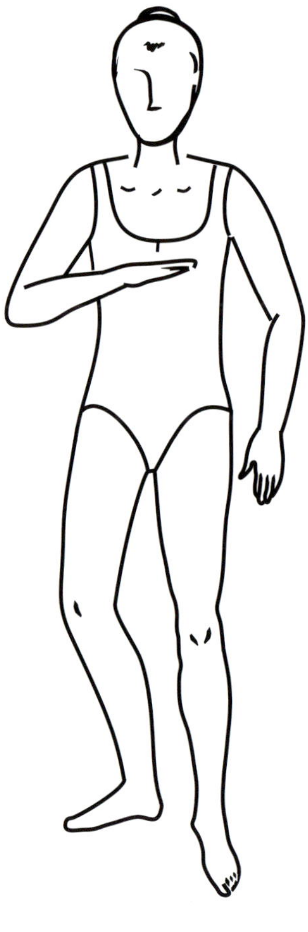

Abb. 22a: Qi Gong im Gehen. Atmen Sie zweimal hintereinander kurz und hörbar ein, bevor Sie langsam wieder ausatmen

INFO

Die Übung macht frisch und wach, viele Chinesen führen sie im Morgengrauen und bevor sie zur Arbeit gehen durch.

Ich möchte hier eine einfachere und etwas schnellere Gangart schildern, die sich am Atem orientiert.
Das so genannte Zentralgefäß wird auch Jen-Mo-Meridan genannt und verläuft senkrecht durch die vordere Körpermitte, gleichzeitig leitet man mit Hilfe der Übung kosmische reine Energie in diesen Meridian hinein. Der Schlüsselpunkt für diese Aktion ist der Shan-Zhong-Punkt, der auf dem Brustbein genau in der Mitte zwischen den Brustwarzen liegt.

INFO

Sinn dieser Übung ist es, negative, belastende Energie aus dem Zentralgefäß herauszustreichen.

Die Übung

Entspanntes Gehen und schnelle, wiederholte Einatmung senken einen zu hohen Blutdruck und den Augeninnendruck

Sie stehen aufrecht, die Füße sind parallel und etwa im Schulterabstand auseinander gestellt, die Knie sind leicht gebeugt. In dieser Ausgangsstellung heben Sie langsam die Hände seitlich bis über den Kopf hoch; die Handflächen sind einander zugewandt. Führen Sie nun die Hände in dieser Stellung bis zum Dan-Tien-Gebiet hinunter. Wiederholen Sie diesen Vorgang dreimal; verharren Sie darin einige Minuten in folgender Stellung: Die rechte Hand umfasst die linke, und beide Hände liegen ruhig auf dem Nabel. Atmen Sie dreimal natürlich ein und aus.
Jetzt können Sie mit dem Gehen beginnen. Setzen Sie die Füße dabei immer so breit auf, dass Sie einen leicht schwankenden Gang bekommen. Die linke Hand befindet sich in der Körpermitte auf Höhe der Brustwarzen und wird bis zum Schambein hinuntergeführt, während der rechte Fuß langsam mit der Ferse aufsetzt. Dabei atmen Sie zweimal kurz so ein, als ob Sie etwas hochschnüffeln wollten.

Nun steigt die rechte Hand kreisförmig bis zur Brustmitte auf und gleitet dann den Körper hinunter; der linke Fuß setzt erst mit der Ferse auf, dann mit der ganzen Sohle; dabei atmen Sie natürlich aus.
Bei der Übung im Gehen ist darauf zu achten, dass der Bewegungs- und Atemablauf ganz gleichmäßig und locker vonstatten geht; dies gelingt meist erst nach einiger Übungszeit. Die Arme vollführen eine kreisartige

Abb. 23: Handbewegung bei hohem Blutdruck. Innerhalb von 10 bis 15 Minuten wird durch diese Übung ein zu hoher Blutdruck gesenkt. Halten Sie die Handfläche so, als ob Sie etwas herunterdrücken wollten

INFO

Es klingt beinahe unglaublich, aber mit dieser einfachen Übung kann selbst hoher Blutdruck gesenkt werden. Üben Sie 10 bis 20 Minuten, und messen Sie vorher und nachher Ihren Blutdruck. Wenn der Blutdruck krankhaft erhöht ist, sollte diese Übung – natürlich unter ständiger Kontrolle des Arztes – einmal täglich 20 Minuten lang ausgeführt werden. Auch ein zu hoher Augeninnendruck (Glaukom) spricht gut auf diese Übung an.

INFO

Üben Sie zweimal täglich. Nach zweijähriger Übungszeit soll die Energie des Übenden so stark sein, dass er für Infektionen nicht mehr anfällig ist. Am besten üben Sie im Freien, denn die Wohnräume sind meist zu klein, um die Übung dort durchzuführen. Wenn Sie dabei im Kreis herum gehen, kann Ihnen in zu kleinen Räumen schwindelig werden. In einem großen Zimmer können Sie es allerdings versuchen. Besser ist jedoch, Sie suchen sich einen Platz im Wald oder in Ihrem Garten, wo Sie ungestört üben können, denn während der Übung dürfen Sie nicht abgelenkt werden oder sprechen. Wenn Sie gar keine andere Möglichkeit haben, können Sie Qi Gong im Gehen auch so ausführen, dass Sie sich nur von einem Fuß auf den anderen bewegen, ohne dabei vorwärts zu gehen.

Bewegung, die Knie sind bei dieser Übung nie ganz durchgedrückt, sondern immer locker. Stellen Sie sich vor, dass Sie mit der heranziehenden Bewegung, auf die Brust zu, kosmische Energie in den Körper hineinleiten. Menschen mit hohem Blutdruck halten die Handflächen während der Abwärtsbewegung in einem 90-Grad-Winkel nach unten, so als ob sie etwas hinunterschieben wollten.

Üben Sie jeden Tag nur wenige Minuten und Sie stärken Ihr Immunsystem

Auf diese Art und Weise gehen Sie ganz locker 20 bis 40 Minuten lang, dann beschließen Sie die Übung genauso, wie Sie begonnen haben: Die Fuße stehen parallel und im Schulterabstand auseinander, die Knie sind leicht gebeugt. Heben Sie die Arme über den Kopf, die Handflächen schauen zueinander. Führen Sie die Hände zum Dan-Tien-Gebiet hinunter. Wiederholen Sie diesen Vorgang dreimal, lassen Sie die Hände abschließend auf dem Dan Tien zur Ruhe kommen, und verharren Sie einige Minuten in dieser Stellung.

Hui Chun Gong

Hui Chun Gong – eine Verjüngungsübung des Qi Gong

Hui Chun Gong ist eine einfache Bewegungsreihe, die hauptsächlich von betagten Menschen ausgeübt wird. Der chinesische Name verheißt die »Rückkehr des Frühlings«, also ein Zurückkehren der jugendlichen Frische. Ich konnte feststellen, dass Hui Chun Gong alte Menschen so verjüngte, dass ich sie nach einem Jahr nicht mehr wiedererkannte: Der Teint strahlte und wirkte frisch, der Bauch war verschwunden, und der ganze Mensch strotzte nur so vor Energie und Schwung. Wer auch als jüngerer Mensch das Altern hinausschieben möchte, kann auch jetzt schon mit Hui Chun Gong beginnen. Die Erfolge sind bemerkenswert! Hui Chun Gong besteht aus mehren Übungsabschnitten, von denen ich hier nur den zweiten besprechen möchte.

INFO

Diese Übung wird für besonders wichtig gehalten, da sie alle inneren Verklebungen, Verschwartungen und Verblockungen im Körper löst; die inneren Organe, die Bänder, Muskeln und Sehnen können dann wieder locker aneinander vorbeigleiten.

Die Übung

Das lockere, schnelle Auf- und Abwippen hat einen verjüngenden Effekt

Stellen Sie sich mit gelockerten Knien und geradem Rücken hin. Die Füße stehen schulterbreit. Beginnen Sie dann mit den Knien fest nach unten und nach oben zu wippen. Als Zuschauer konnte ich fast nicht glauben, dass wirklich nur die Knie bei dieser Übung arbeiten. Bewegen Sie also die Arme keinesfalls mit Absicht; wenn Sie richtig und gelockert üben, werden sie sich von selbst bewegen. Wippen Sie 170- bis 200-mal pro Minute auf und ab. Die Bewegungen sind schnell und leicht.

ACHTUNG!

Nicht länger als $1\frac{1}{2}$ – 2 Minuten lang Auf- und Abwippen!

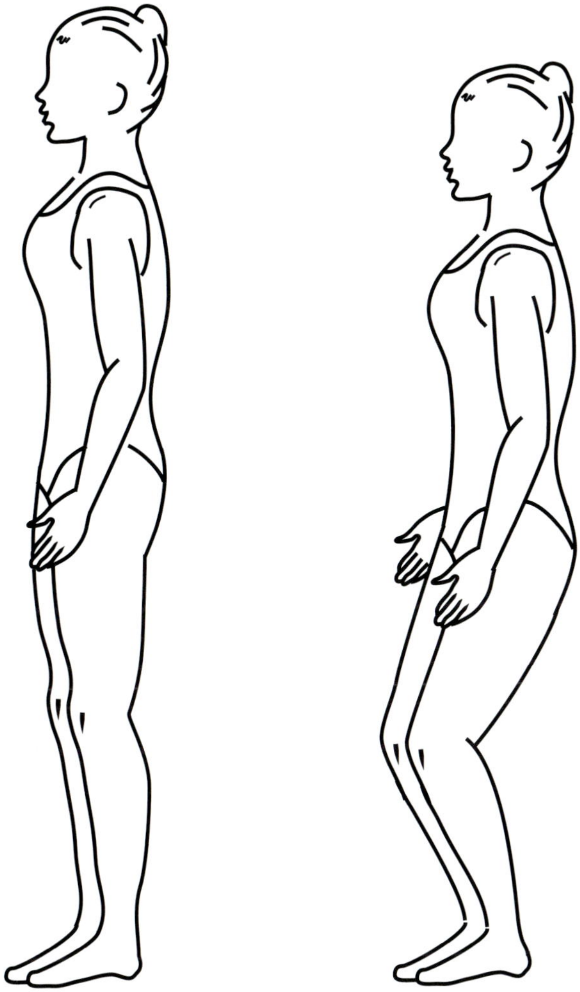

Abb. 24a und 24b: Beide Abbildungen zeigen die Hui-Chung-Gong-Verjüngungsübung

ACHTUNG!

Schwangere und Frauen mit starker Menstruationsblutung dürfen diese Übung nicht ausführen.

»Der leere Körper«

»Der leere Körper« – eine Qi-Gong-Übung, die reinigt und beruhigt

Legen Sie sich flach auf den Boden, und sorgen Sie dafür, dass Ihnen während der Übung nicht kalt wird. Die Beine sind bequem ausgestreckt, die Füße liegen im Abstand Ihrer Schulterbreite voneinander entfernt. Die Arme liegen locker neben dem Körper, die Handflächen berühren die Unterlage. Der Bequemlichkeit halber können Sie auch ein Kissen unter den Kopf legen.

Bei dieser Übung ist es von äußerster Wichtigkeit, dass Sie auf gar keinen Fall gestört werden. Sorgen Sie dafür, dass nicht plötzliche Geräusche wie Telefonklingeln Sie erschrecken können. Es ist ebenfalls wichtig, diese Übung immer bis zum Ende durchzuführen und sie nicht zu unterbrechen. Suchen Sie deshalb vor dem Üben die Toilette auf. Die Dauer dieser Übung ist nicht festgelegt, sie hängt ganz von Ihrer Imaginationskraft und Ihrer inneren »Verschmutzung« ab. Lesen Sie den Anleitungstext genau durch, und versuchen Sie, den Text nachzuvollziehen, bevor Sie selbst mit der Übung beginnen.

Die Übung

Sie liegen also bequem auf dem Rücken. Stellen Sie sich vor, dass sich eine kreisförmige Öffnung in Höhe der Hüften in Ihrem Rücken befindet; der Durchmesser beträgt etwa 15 Zentimeter. Durch dieses Loch leeren Sie Ihren Körperinhalt aus, der dann sozusagen als Dünger auf die Erde fällt. Beginnen Sie damit, zuerst den Inhalt Ihres linken Beines allmählich durch dieses Loch hinauszuschieben. Lassen Sie sich Zeit für diesen Vorgang. Sie werden spüren, dass einige Partien schneller entleert werden können, wohingegen andere längere Zeit benötigen. Wenn Sie das linke Bein entleert haben, gehen Sie zum rechten Bein über und dann zum Bauch. Alle Partien werden sorgfältig durch das imaginäre Loch im Rücken entleert. Wenn Sie wissen, dass ein bestimmtes Organ erkrankt ist, dann nehmen Sie sich besonders viel Zeit, es sorgfältig zu entleeren. Die nun leeren Partien des Körpers fühlen sich zunächst seltsam leicht und hell an.

Wenden Sie sich dann Ihrem Oberkörper zu, entleeren Sie den linken Arm, den rechten Arm, den Oberkörper und den Kopf. Lassen Sie sich ausreichend Zeit, und verweilen Sie so lange bei dem entsprechenden Körperteil, bis er wirklich ganz leer ist. Der ganze Körper besteht nun nur noch aus einer leeren Hülle. Stellen Sie sich nun vor, dass klares Wasser in Sie hineinfließt und alle Reste von Verschmutzungen hinausspült. Lassen Sie sich wiederum Zeit, und beenden Sie den Vorgang erst, wenn Sie ganz zufrieden sind.

Als Nächstes lassen Sie einen sanften Wind durch diese leere Körperhülle streichen. Ganz zart berührt er Sie inwendig von Kopf bis Fuß. Er hinterlässt ein seltsam wohliges Gefühl in Ihnen, das Sie ganz und gar auskleidet.

Zuletzt stellen Sie sich vor, dass ein kräftiger Sonnenstrahl Ihren Körper von innen her erleuchtet und erwärmt. Innerlich sind Sie ganz von warmem, strahlendem Licht erfüllt: Beine, Rumpf, Arme und Kopf. Wenn Sie diesen wohligen Zustand im ganzen Körper verspüren, verschließen Sie im Geiste das Loch in Ihrem Rücken. Bleiben Sie still liegen, und genießen Sie diesen Zustand der lichten, schwebenden Reinheit noch eine Weile. Die Gehirnrinde speichert dabei diesen Seinszustand, und Sie können ihn bei Bedarf wieder abrufen. Anschließend stehen Sie langsam auf und gehen einer ruhigen Tätigkeit nach.

Diese Übung sollte bei ernsteren Störungen einmal täglich ausgeführt werden. Je nach den Fortschritten des Patienten wird dann nur noch zwei- bis dreimal pro Woche geübt.

INFO

Es gehört zu meinen erstaunlichsten Erfahrungen mit Qi Gong zu sehen, wie sich schon nach einer Woche täglicher Übung der Teint verändert, er wird frisch, klar und rosig. Die Patienten berichten auch über eine innere Ruhe, die sich noch lange nach der Übung im Alltag mitteilt. Neben den verschiedensten Störungen des Stoffwechsels oder des vegetativen Nervensystems sprechen auch Allergien besonders gut auf diese Übung an.

4. Erkrankungen – welche Qi-Gong-Übung hilft?

Passen Sie die Haltung der Qi-Gong-Übung Ihrer Gesundheitsstörung an

Wenn Sie an einer Erkrankung leiden und sich mit Qi Gong helfen oder heilen möchten, sollten Sie die betreffenden Übungen zwei- bis dreimal täglich jeweils etwa 10 bis 20 Minuten lang durchführen. Ergänzende Übungen können Sie je nach Zeit und Bedarf einsetzen.
Auch hier können Sie verschiedene Haltungen für Ihre Übungen einnehmen. Wählen Sie sie nach Art der Störung aus, die Sie behandeln wollen. Auch die verschiedenen Stadien, die eine Krankheit durchlaufen kann, sind bei der Auswahl zu berücksichtigen. So sollten Sie zum Beispiel bei Rheuma im Stehen üben, denn das führt bei dieser Störung zu den besten Ergebnissen. Menschen, die an einer Senkung der inneren Organe leiden, sollten im Liegen üben. Nach einiger Übungszeit können Sie dazu übergehen, die Hui-Chun-Gong-Übung ein- bis zweimal täglich zu machen. Gerade bei Senkungen haben wir sehr viele Heilerfolge damit erzielt.
Bei Herzpatienten üben diejenigen, deren Herzfunktion in Ordnung ist, im Sitzen. Menschen mit Funktionsstörungen des Herzens dagegen üben in halb liegender Stellung und nicht im Stehen oder Sitzen.
Diese Beispiele geben Ihnen eine gewisse Vorstellung davon, nach welchen Regeln die Stellungen auszuwählen sind.
Denken Sie nur an die vielen, langweiligen Wartezeiten, die wir bei der Fahrt mit öffentlichen Verkehrsmitteln, beim Friseur oder bei Behörden verbringen müssen. Es ist viel spannender und befriedigender, in dieser Zeit innerlich Qi Gong zu üben; zusätzlich tun Sie damit Ihrer seelischen

INFO

Stets sollte der Patient die Stellung wählen, die für ihn die beste und bequemste ist und die seiner körperlichen Verfassung, seinem Alter und seinen Reaktionen entspricht. Letztendlich aber können Sie Qi Gong in beinahe jeder Lebenslage üben, wenn es ein Bestandteil Ihres Lebens geworden ist.

und körperlichen Gesundheit etwas Gutes. Für dieses stille Üben sind besonders das »Innere Tai Chi« und die verschiedenen anderen Meditations- und Visualisierungsübungen, die in diesem Buch beschrieben sind, geeignet. Es genügt auch schon, sich in Ruhe auf den Dan Tien zu sammeln und seine wärmende Ausstrahlung im Mittelpunkt des Körpers zu spüren. Wenn Sie Qi Gong in Bewegung oder in anderen Haltungen üben, dann verbinden Sie die Atemtechniken und die innere Sammlung mit der Bewegung, um die besten Ergebnisse zu erhalten.

INFO

Legen Sie sich zum Üben nicht auf ein weiches Bett, denn dort lässt sich meist die korrekte Übungshaltung nicht einnehmen. Es ist viel besser, auf einer warmen, festen Unterlage auf dem Boden zu üben: So können Sie Ihren Körper spüren und Veränderungen wahrnehmen.

Beginnen Sie den Tag mit einer stillen Qi-Gong-Übung im Bett

Wenn sich das Bett aus den oben genannten Gründen nicht so gut dazu eignet, um stille Qi-Gong-Übungen darin auszuführen, besonders wenn sie länger dauern, so möchte ich Ihnen doch eine andere Gewohnheit empfehlen, bei der Sie ruhig im Bett bleiben können: Vor dem Einschlafen am Abend oder besonders morgens nach dem Aufwachen das stille Qi Gong zu üben ist eine wunderbare Sache. Sie reinigen sich damit von den störenden Einflüssen des Tages und verarbeiten dadurch Erlebnisse, die vielleicht noch an Ihnen haften geblieben sind. Am Morgen bereiten Sie sich damit auf den Tag vor und stimmen sich darauf ein, möglichst Ihre innere Ruhe und Kraft zu behalten und sich nicht zu sehr in äußere Probleme hineinziehen zu lassen. Besonders morgens können Sie Ihre Aufmerksamkeit darauf verwenden, Ihre Aura mit Qi Gong zu schützen, um einen anstrengenden Tag besser zu überstehen: Lassen Sie es einfach zu, dass die Wärme des Dan Tien sich so ausbreitet, dass sie Ihren ganzen Körper schützend umhüllt. Wenn Sie noch zusätzlich etwas tun möchten, können Sie sich vorstellen, wie sich um den äußeren Rand der Aura eine Art Schale bildet, die vor äußeren Einflüssen schützt.

Schlafstörungen lassen sich gut mit Qi Gong beheben

Auch wenn Sie nachts einmal wach werden und nicht wieder einschlafen können, üben Sie Qi Gong. Sie müssen dazu nicht aufstehen, sondern können im Bett liegen bleiben. Menschen, die an Schlaflosigkeit leiden, finden es sicher angenehmer, die störenden Wachzeiten zunächst mit Qi-Gong-Übungen zu überbrücken, als sich darüber zu ärgern, dass Sie schon wieder nicht schlafen können. Im Verlauf der Zeit werden Sie jedoch die Erfahrung machen, dass die Wachzeiten kürzer und seltener werden, bis Sie dann tatsächlich für die ganze Nacht in einen erholsamen Schlaf versinken.

Störungen des Verdauungssystems

Magenbeschwerden, Magengeschwür und Gastritis

Geschwächte Personen mit ernsten Magenproblemen üben in Rückenlage. Patienten, die an Verdauungsbeschwerden und Verstopfung leiden, üben im Liegen mit angewinkelten Knien. Das gilt auch für Personen, die an übermäßigen Blähungen leiden oder Rückenprobleme haben. Die Fußsohlen stehen nebeneinander auf der Unterlage und berühren sie mit der ganzen Fläche der Sohle.

INFO

Diese Stellung unterstützt die Peristaltik des Gastrointestinaltraktes, fördern eine gute Verdauung und entlasten die Wirbelsäule.

Früher glaubte man, dass die Magenschleimhautentzündung mit oder ohne Geschwür hauptsächlich auf Stress zurückzuführen ist. Heute weiß man, dass diese Geschwüre durch Stress oder Bakterien entstehen. Die Entdeckung des Helicobacter war hier eine wichtige Erkenntnis. Dieser unausgeglichene Zustand beeinträchtigt das vegetative Nervensystem, sodass die Schleimhaut von Magen und Zwölffingerdarm nicht so versorgt wird, wie sie sollte. Dadurch entstehen Verkrampfungen der Blutgefäße und Muskeln der Verdauungsorgane. So kommt es dazu, dass nicht mehr genügend – oder zu viel – Verdauungssäfte produziert werden.

Beschwerden

Wiederkehrende Magenschmerzen, schleichende oder akute Schmerzen, die bis zum Rücken ausstrahlen können. Schmerzen, die von einem Magengeschwür herrühren, beginnen gewöhnlich eine halbe bis eine Stunde nach dem Essen. Der Schmerz dauert ein bis zwei Stunden an und verschwindet dann allmählich. Schmerzen eines Zwölffingerdarmgeschwürs entstehen bei leerem Magen und verschwinden nach dem Essen. Oft leiden die Betroffenen an mitternächtlichen Schmerzen, gelegentlich kann es auch zu saurem Aufstoßen, Rülpsen, Übelkeit und Erbrechen kommen.

Qi-Gong-Übung

- Entspannungsübung: Verbringen Sie einige Minuten damit, den Körper bewusst zu entspannen, und versuchen Sie Stress allmählich abzuschütteln, das bereitet Sie auf die »Innere ernährende Übung« (siehe S. 46 ff.) vor.
- Führen Sie die »Innere ernährende Übung« aus. Wenn Sie kaum Appetit haben und sehr wenig essen, sollten Sie die zweite Atemtechnik (siehe S. 51) dazu wählen. Wenn die Verdauung funktioniert und Sie an Übersäuerung und Magenschmerzen leiden, wählen Sie die erste Atemtechnik (siehe S. 50). Eine geschwächte Person übt im Liegen und gelegentlich im Sitzen.

Ergänzende Übungen

- Fitness-Übung: Zähneklappern, Befeuchten des Mundes mit Speichel, Schlucken des Speichels, Massage des Dan Tien, Rumpfkreisen.
- Ruhige Atemübung mit Sammlung auf den Dan Tien; die Übung kann im Sitzen oder Liegen ausgeführt werden, mit natürlicher Atmung.
- Tai Chi in Bewegung (entsprechende Kurse werden fast überall angeboten).

Magensenkung

Eine Magensenkung entsteht aufgrund einer Erschlaffung des Magens oder des Darmes, die auch durch Überessen entstehen kann. Die moderne Medizin sieht die Ursache dafür in einer Schwäche der Bänder, die Magen, Zwerchfell, Leber und Darm halten; ebenso in einer Schwäche von Bauchmuskulatur und Bindegewebe. Durch die Senkung des Magens verlangsamt sich die Peristaltik des Magen-Darm-Trakts, und die Speisen bleiben länger liegen. Bei einer Senkung der inneren Organe üben die Betroffenen im Liegen mit angewinkelten Knien und schieben sich ein zehn Zentimeter dickes Kissen unter das Kreuz.

Beschwerden

Appetitlosigkeit, saures Erbrechen, Aufstoßen, Spannungsgefühle im Bauchraum, Verstopfung, Erschöpfung, Niedergeschlagenheit, Kopfschmerz, Benommenheit und Schlaflosigkeit.

Qi-Gong-Übung

Wählen Sie die »Innere ernährende Übung« mit der ersten oder zweiten Atemtechnik (siehe S. 51). Legen Sie sich dabei flach auf den Rücken, oder legen Sie sich Kissen unter das Gesäß und unter die Beine. Wenn sich nach einiger Zeit der Magen in eine normalere Position gehoben hat, sollte auch einige Übungszeit im Sitzen verbracht werden.

Ergänzende Übungen

- Fitness-Übung: Bauchmassage, Zähneklappern, Zungenbewegung, Rumpfkreisen.
- Turnübung: Aufsitzen aus der Rückenlage, um die Bauchmuskulatur zu trainieren. Dabei unbedingt die Bauchmuskeln angespannt halten, um die Wirbelsäule nicht zu verletzen!
- Hui Chun Gong – diese Übung hat sich bei dieser Störung als besonders hilfreich erwiesen.
- Tai Chi.

Chronische Gastritis

Die chronische Gastritis entsteht teils durch Bakterien und unkontrolliertes Essen, das Magen und Milz schadet und Verdauungsbeschwerden verursacht. Die Symptome sind: Magenschmerzen, abdominale Spannungen und saures Erbrechen. Andererseits kann sie auch aufgrund eines vegetativen Ungleichgewichts und durch Stress entstehen. So kommt es zu Verkrampfungen der Blutgefäße und der glatten Muskulatur, zu Sekretions- und Bewegungsstörungen des Magen-Darm-Trakts.

Beschwerden

Man unterscheidet drei Arten der chronischen Gastritis. Die erste ist als oberflächlicher Typ bekannt. Es kommt gelegentlich zu Spannungen und leichten Magenschmerzen. Durch rohe, kalte und zu schwere Speisen kann diese Störung in eine akute Phase kommen. Der zweite Typ ist die atrophische Gastritis, die durch Appetitlosigkeit, Beschwerden nach dem Essen, Magenschmerzen und Schwäche gekennzeichnet ist. Bei der dritten Art leidet man an hartnäckigen Magenschmerzen.

Qi-Gong-Übung

Führen Sie die »Innere ernährende Übung« (siehe S. 46 ff.) mit der ersten oder zweiten Atemtechnik (siehe S. 51) aus, und sammeln Sie sich auf den Dan Tien. Die zweite Atemtechnik ist vorzuziehen, wenn Sie an Dyspepsie, Appetitlosigkeit und Auszehrung leiden. Wenn Sie dagegen einen ziemlich guten Appetit haben, leiden aber an schleichenden Schmerzen, so sollten Sie die erste Atemtechnik wählen.

Ergänzende Übungen

- Fitness-Übung: Bauch- und Rückenmassage.
- Inneres Tai Chi: Lenkung der Vitalenergie.
- Tai Chi in Bewegung.

Verstopfung

Die Ärzte für TCM sagen, dass Verstopfung aufgrund von Fehlfunktionen von Darm, Magen, Milz und Nieren entsteht. Im Westen macht man hauptsächlich den Darm für die Entstehung der Verstopfung verantwortlich. Die Chinesen bringen auch Milz und Nieren mit ins Spiel, da beide Organe den Feuchtigkeitshaushalt des Körpers regulieren. Eine Verstopfung kann auch aufgrund einer zu mangelhaften Durchfeuchtung entstehen: Der Stuhl bleibt dabei trocken und hart im Darm liegen und lässt sich schwer entleeren.

Beschwerden

Schwierigkeiten bei der Stuhlentleerung, verbunden mit Appetitlosigkeit, bitterem Mundgeschmack, Übelkeit, Bauchschmerzen, Abmagerung oder Völlegefühl.

Qi-Gong-Übung

Führen Sie die »Innere ernährende Übung« (siehe S. 46 ff.) mit der zweiten Atemtechnik (siehe S. 51) aus, und sammeln Sie sich dabei auf den Dan Tien. Schwache Patienten liegen auf dem Rücken und sollen erst, wenn sie kräftiger geworden sind, im Sitzen üben.

Ergänzende Übungen

- Bauchmassage: Reiben Sie die Hände, bis sie warm sind, und massieren Sie dann langsam Ihren Bauch, indem Sie rechts beginnen und dem Verlauf des Dickdarms folgen.
- Entspannungsübung.
- Fitness-Übung: Massage des Dan Tien und des Bauches, Befeuchten des Mundes mit Speichel, Schlucken des Speichels, Zähneklappern.
- Tai Chi.

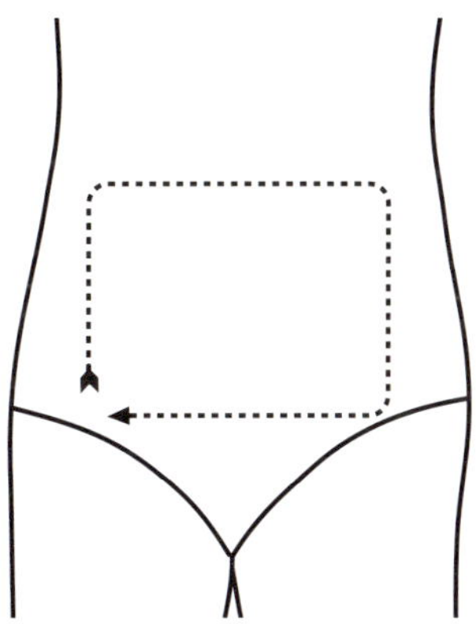

Darmentzündung

Dieser Begriff beinhaltet die chronische bakterielle Dysenterie, Amöbenruhr, Trichomonadenenteritis, allergische Darmentzündungen und Diarrhöe aufgrund von Verdauungsschwäche. Auch das so verbreitete Reizdarmsyndrom (Colon irritabile) ist dazuzurechnen. Die Ärzte für TCM sind der Meinung, dass die chronische Enteritis mit der Funktion von Milz, Magen, Darm, Leber und Nieren zu tun hat.

Beschwerden

Schleichende bis akute Schmerzen im Unterbauch. Die Schmerzen können kontinuierlich sein oder nur gelegentlich auftreten. Einige Personen haben Durchfall, danach bessern sich die Schmerzen. Die meisten Betroffenen leiden an Spannungen im Bauchbereich und zeigen wenig Appetit.

Qi-Gong-Übung

Wählen Sie die »Innere ernährende Übung« (siehe S. 46 ff.) mit der ersten Atemtechnik (siehe S. 50), und konzentrieren Sie sich auf den Dan Tien. Geschwächte Personen üben im Liegen, kräftigere dagegen im Sitzen. Halten Sie während des Übens (und auch sonst) den Unterbauch warm – Kälte, besonders feuchte Kälte, verschlimmert die Beschwerden.

Ergänzende Übungen

- Bauchmassage: Reiben Sie die Hände, bis sie warm sind, und massieren Sie dann langsam Ihren Bauch, indem Sie rechts beginnen und dem Verlauf des Dickdarms folgen (siehe S. 99).
- Entspannungsübung: Achten Sie vor allem darauf, den Bauch zu entspannen und zu wärmen, das lindert nämlich die Schmerzen.
- Fitness-Übung: Bauchmassage, Massage des Dan Tien, Zähneklappern, Zungenkreisen, Befeuchten des Mundes mit Speichel.
- Tai Chi.

Gallenblasenreizung

Die chronische Reizung der Gallenblase kann auf eine akute Entzündung der Gallenblase folgen, aber das ist nicht die Regel. Meist entsteht sie aufgrund von Gallestauungen, Infektionen der Gallengänge und Gallensteinen oder unterdrückten Wutgefühlen.

Beschwerden

Schmerzen im rechten Oberbauch, saures Erbrechen, Übelkeit, Aufstoßen.

Qi-Gong-Übung

Führen Sie die »Innere ernährende Übung« (siehe S. 46 ff.) im Sitzen oder Liegen aus. Verwenden Sie die zweite Atemtechnik (siehe S. 51) mit Konzentration auf den Dan Tien.

Ergänzende Übungen

- Entspannungsübung.
- Fitness-Übung: Bauchmassage, Massage des Dan Tien, Armschwingen.
- Inneres Tai Chi: In der gleichen Stellung wie die »Innere ernährende Übung« mit natürlicher Atmung und Sammlung auf den Dan Tien.
- Übung im Gehen.

Stoffwechselerkrankungen

Schilddrüsenstörungen

Diese Störungen entstehen, wenn ein Ungleichgewicht im Hormonhaushalt der Schilddrüse und der Nebenschilddrüsen besteht. Je nachdem, ob es sich dabei um eine Über- oder Unterfunktion handelt, ist der Betreffende eher gereizt oder müde.

INFO

Qi Gong eignet sich ganz hervorragend zur Behandlung einer Störung der Schilddrüse, denn die Übungen wirken ausgleichend.

Beschwerden

Überfunktion: Schwitzen, Herzklopfen, übermäßiger Appetit, leichte Temperaturerhöhung, leichte Erregbarkeit, Erschöpfung.
Unterfunktion: Müdigkeit, Erschöpfung, Antriebslosigkeit, Gewichtszunahme.

Qi-Gong-Übung

Wählen Sie die »Belebende Übung« (siehe S. 54 ff.), und atmen Sie tief und ruhig. Auch Qi Gong im Gehen unterstützt in diesen Fällen den Stoffwechsel und führt zu einem Ausgleich.

Ergänzende Übungen

- Fitness-Übung: Alle Übungen.
- Hui Chun Gong.

Diabetes

Diabetes entsteht aufgrund krankhafter Veränderungen der Langerhansschen Inseln im Pankreas und macht sich in einer mangelhaften Insulinproduktion bemerkbar. Diabetes mellitus ist eine Bezeichnung für verschiedene Formen der Glukosestoffwechselstörung: Ärzte für Traditionelle Chinesische Medizin meinen, dass diese Erkrankung mit der Funktion von Lunge, Milz, Magen und Nieren zu tun hat. Diabetes ist eine Zivilisationskrankheit. Der Diabetes Typ II oder Altersdiabetes entsteht unter anderem durch falsche Ernährung. Neueste Untersuchungen haben gezeigt, dass Diät und ausreichende Bewegung die beiden wichtigsten Säulen der Therapie sind.

Beschwerden

Häufiger Harndrang, heftiger Durst auf Wasser, Abmagerung, überhöhte Blutzuckerwerte, Hautjucken, Durchblutungsstörungen.

Qi-Gong-Übung

Führen Sie die »Innere ernährende Übung« (siehe S. 46 ff.) im Sitzen und Liegen aus, und verwenden Sie dabei die erste Atemtechnik (siehe S. 50). Ebenso kann die »Belebende Übung« (siehe S. 54 ff.) im Sitzen und Stehen ausgeführt werden. Die Atmung ist dabei ruhig und tief. Am wichtigsten ist jedoch eine Ernährungsumstellung.

Ergänzende Übungen

- Fitness-Übung: Alle Übungen.
- Qi Gong im Gehen.
- Inneres Tai Chi: Im Sitzen oder Liegen mit natürlicher Atmung und Sammlung auf den Ming Men.
- Tai Chi.
- Hui Chun Gong.

Herz-Kreislauf-Störungen

Bluthochdruck

Bluthochdruck entsteht aufgrund einer Dysfunktion des zentralen Nervensystems. Diese Erkrankung beeinträchtigt den ganzen Körper. Der arterielle Blutdruck ist erhöht, was zu den verschiedensten Komplikationen führt.

Beschwerden

Benommenheit, Kopfschmerzen, Spannungsgefühl im Kopf, Ohrensausen, arterieller Hochdruck, rotes Gesicht, Sehstörungen, karmesinrote Zunge.

Qi-Gong-Übung

Wählen Sie die »Belebende Übung« (siehe S. 54 ff.), und führen Sie sie im Sitzen oder Stehen aus. Diese Übung erfordert eine ruhige und tiefe Atmung, wobei die Atemzüge in die Länge gezogen werden. Konzentrieren Sie sich auf den Dan Tien, wenn Sie im Sitzen üben, und auf den Yong-Quan-Punkt in der Fußsohlenmitte, wenn Sie stehen. Personen, die an sehr hohem Blutdruck mit Kopfschmerzen und Herzklopfen leiden, üben im Liegen mit einem Kissen unter dem Rücken. Kräftigere Personen, deren Blutdruck nicht ganz so hoch ist, können sowohl im Sitzen als auch im Stehen üben.
Der Blutdruck kann innerhalb von 10 bis 15 Minuten signifikant gesenkt werden, wenn Sie Qi Gong im Gehen ausüben und mit den Händen dabei eine herabdrückende Bewegung machen. Ebenso blutdrucksenkend wirkt es, wenn Sie während der Meditation Ihren Atem oder Ihre Zehen beobachten.

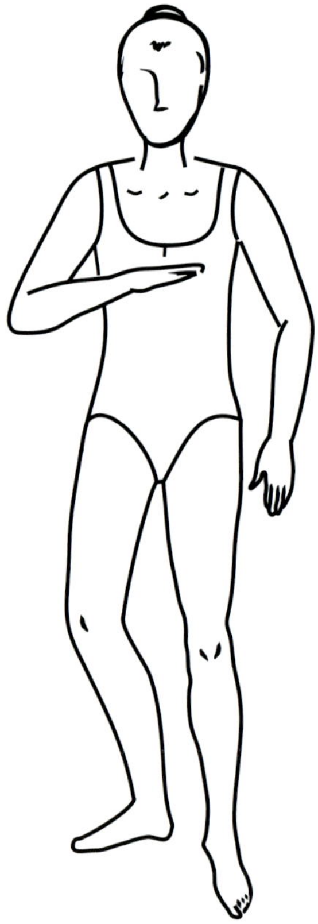

Abb. 25: Qi Gong im Gehen: Handhaltung, um den Blutdruck zu senken. Man bewegt die Hand so, als ob man etwas herabdrücken wollte. Diese Übung ist auf Seite 86 f. ausführlich beschrieben.

Ergänzende Übungen

- Entspannungsübung.
- Inneres Tai Chi.
- Fitness-Übung: Stillsitzen, Kniemassage, Massage des Yong-Quan-Punktes.
- Übung im Gehen.
- Tai Chi.

Niedriger Blutdruck

Niedriger Blutdruck wird in erster Linie durch eine Dysfunktion des autonomen Nervensystems hervorgerufen.

Beschwerden

Extrem niedriger Blutdruck, Benommenheit, Erschöpfung, Schlaflosigkeit. Am häufigsten sind sicherlich, besonders bei Jugendlichen, die orthostatischen Kreislaufstörungen. Das heißt beim Aufrichten vom Sitzen oder Liegen wird es dem Betreffenden »schwarz vor Augen«. Bei einigen Personen fehlen diese Symptome, sie fühlen sich sogar wohl, nur ihr Blutdruck ist zu niedrig.

Qi-Gong-Übung

Wählen Sie die »Innere ernährende Übung« (siehe S. 46 ff.) mit der ersten Atemtechnik (siehe S. 50). Sie können sowohl im Sitzen als auch im Liegen üben, konzentrieren Sie sich dabei auf den Dan Tien, und lassen Sie diese Zone besonders warm werden. Bei niedrigem Blutdruck und Anämie sollten schwache Personen in Rücken- oder Seitenlage mit angewinkelten Beinen üben, der Kopf wird von einem flachen Kissen unterstützt.

Ergänzende Übungen

- Inneres Tai Chi: In derselben Stellung wie die »Innere ernährende Übung« mit Sammlung auf den Ming Men und natürlicher Atmung.
- Fitness-Übung: Weberübung, Rumpfkreisen, Massage des Dan Tien.
- Tai Chi.

Durchblutungsstörungen

Die Ursachen dafür sind vor allem in Infektionen oder Stoffwechselstörungen zu suchen. In den meisten Fällen jedoch besteht keine ersichtliche Ursache.

Beschwerden

Taubheitsgefühl in den Extremitäten; Finger und Zehen sind taub und schmerzhaft; die Muskeln der befallenen Gebiete schmerzen; schwächende Muskelspannungen. In ernsten Fällen sind die Handgelenke, Fersen und Knie betroffen. Muskeln und Sehnen degenerieren, in einigen Fällen kommt es zu Muskelschwund.

Qi-Gong-Übung

Führen Sie die »Innere ernährende Übung« (siehe S. 46 ff.) mit der zweiten Atemtechnik (siehe S. 51) aus. Üben Sie im Sitzen oder Liegen, und sammeln Sie sich auf den Dan Tien.

Ergänzende Übungen

- Fitness-Übung: Die ganze Form.
- Inneres Tai Chi: In derselben Stellung wie die »Innere ernährende Übung«, mit natürlicher Atmung.
- Tai Chi.
- Qi Gong im Gehen.

Durchblutungsstörungen der Herzkranzgefäße

Die vollständige Bezeichnung lautet atherosklerotische Erkrankung der Herzkranzgefäße (Coronarsklerose). Dieser Begriff beinhaltet rezessive Erkrankungen der Herzkranzgefäße, Angina pectoris, Myokardinfarkt, Myokardsklerose, Arrhythmien und Durchblutungsstörungen.

Beschwerden

Im Herz-Kreislauf-System ist zu wenig Blut im Umlauf. Der Patient fühlt sich schwach. Er hat Druckgefühle im Herzgebiet, Atembeschwerden und fühlt sich schwach.

Qi-Gong-Übung

Wählen Sie die »Belebende Übung« (siehe S. 54 ff.) in stehender oder sitzender Position. Atmen Sie ganz ruhig, und konzentrieren Sie sich auf den Dan Tien.

Ergänzende Übungen

- Inneres Tai Chi: In derselben Position wie die »Belebende Übung« mit natürlicher Atmung und Sammlung auf den Ming-Men-Punkt.
- Fitness-Übung: Stillsitzen, Schultermassage, Armschwingen, Massage des Dan Tien.

- Entspannungsübung.
- Tai Chi.

Rheumatischer Herzklappenfehler

Rheumatische Herzklappenerkrankungen sind die Folgeerscheinung einer akuten rheumatischen Herzerkrankung.

Beschwerden

Leichtere Fälle werden von Patienten kaum bemerkt. Symptome sind nur bei denjenigen, die an Komplikationen leiden, wahrzunehmen. Die häufigsten Komplikationen bestehen aus kongestivem Herzversagen, subakuter Karditis und Embolien.

Qi-Gong-Übung

Wählen Sie die »Innere ernährende Übung« (siehe S. 46 ff.) mit der zweiten Atemtechnik (siehe S. 51). Sie können im Liegen wie auch im Sitzen üben und sollten sich auf den Dan Tien konzentrieren.

Ergänzende Übungen

- Belebende Übung: Im Sitzen, mit tiefer Atmung und Sammlung auf den Dan Tien.
- Inneres Tai Chi: Stellung wie bei der »Inneren ernährenden Übung«, mit natürlicher Atmung und Sammlung auf den Ming Men.
- Fitness-Übung: Armschwingen, Stillsitzen.
- Tai Chi.
- Qi Gong im Gehen.

Myokarderkrankungen

Herzmuskelerkrankungen äußern sich in Herzbeschwerden. Die gesamten Ursachen dieser Erkrankung sind noch nicht bekannt, aber man vermutet, dass sie durch Viren, Bakterien oder Rheuma ausgelöst werden können.

Beschwerden

Kurzatmigkeit, Schmerzen im Brustkorb, Husten, Erschöpfung, Herzrasen, unregelmäßiger Herzschlag.

Qi-Gong-Übung

Führen Sie die »Belebende Übung« (siehe S. 54 ff.) im Liegen aus. Atmen Sie natürlich, und sammeln Sie sich auf den Dan Tien.

Ergänzende Übungen

- Inneres Tai Chi: In der gleichen Position wie bei der »Belebenden Übung«, mit natürlicher Atmung und Sammlung auf den Ming Men.
- Tai Chi: Für Anfänger genügt es, die vereinfachte Bewegungsform auszuführen. Kräftigere Personen können die Tai-Chi-Form, die 88 Schritte umfasst, erlernen und ausführen.
- Fitness-Übung: Armschwingen, Stillsitzen.

Herzerkrankungen

INFO

Bei allen Arten von Herzerkrankungen zeigen die Hui-Chun-Gong-Übungen (siehe S. 88 f.) ganz enorme Erfolge. Natürlich werden die angeborenen oder erworbenen Herzfehler durch Qi Gong nicht beseitigt. Hui Chun Gong wirkt sich jedoch auf die gesamte Ökonomie des Herzens so wohltuend aus, dass viele Patienten ihre üblichen Beschwerden vergessen können. Das gilt für alle Herz-Lungen-Erkrankungen. Um hier eine deutliche Verbesserung zu erzielen, ist es nötig, die gesamte Reihe der Hui-Chun-Gong-Übungen durchzuführen.*

---

* siehe auch Hackl, Monnica, *Jung und schön durch Hui Chun Gong*, Hugendubel-Verlag 2002

Arterielle Gefäßverkrampfungen der Extremitäten

Diese Störung entsteht durch eine Dysfunktion der Nerven und Blutgefäße; meist sind Frauen davon betroffen. Die Verkrampfungen können auch durch Kälte oder Depressionen hervorgerufen werden.

Beschwerden

Die Extremitäten verfärben sich beidseitig weiß oder blau, besonders die Finger. Bei den meisten Patienten wird die Haut der Fingerspitzen blass, wenn sie in kaltes Wasser fassen, anschließend verfärben sich auch die Finger und sogar die Handflächen weiß. Diese Erscheinung ist von Kältegefühl, Schmerzen und Taubheitsgefühlen begleitet. Nach einigen Minuten wird die Farbe der Hände wieder normal.

Qi-Gong-Übung

Wählen Sie die »Belebende Übung« (siehe S. 54 ff.) im Sitzen. Atmen Sie natürlich und konzentrieren Sie sich auf den Dan Tien.

Ergänzende Übungen

- Fitness-Übung: Schulter- und Nackenmassage, Armschwingen, Massage des Dan Tien.
- Qi Gong im Gehen.
- Tai Chi.

Rheuma

Rheuma ist eine sehr verbreitete Erkrankung, die den ganzen Körper betreffen kann.

Beschwerden

Schwitzen, Schmerzen am ganzen Körper, Kältegefühl, Schwierigkeiten beim Wasserlassen, Personen, die an schwerem Rheuma erkrankt sind, sind blass und leiden an Anämie, Herzklopfen, Atemnot, Spannungsgefühl in der Brust, gelegentlichem oder kontinuierlichem Fieber.

Sie können auch an rheumatischer Arthritis oder an Herzbeschwerden leiden.

INFO

Bei der Behandlung rheumatischer Erkrankungen sind ernährungswissenschaftliche Erkenntnisse zu beachten. Vor allem der Genuss von Fleisch, insbesondere Schweinefleisch und Wurstwaren, muss eingeschränkt werden, da sie den Körper übersäuern.

Auch die neuen Erkenntnisse über den Säure- und Basenhaushalt des Körpers müssen beachtet werden, um eine Übersäuerung wirksam bekämpfen zu können. Die Qi-Gong-Übungen sind darauf abgestimmt, die Beweglichkeit der Gelenke zu erhalten oder wiederherzustellen und eine allmähliche Stoffwechselumstellung zu bewirken.

Qi-Gong-Übung

Führen Sie die »Innere ernährende Übung« (siehe S. 46 ff.) abwechselnd im Sitzen und Liegen aus. Wenn es der Krankheitsverlauf und der Zustand erlauben, sollten Sie im Stehen üben oder die Bewegungsübungen ausführen. Kann der Patient in fortgeschrittenen Fällen nicht mehr selbst stehen, so übt er im Sitzen oder Liegen.

Ergänzende Übungen

- Fitness-Übung: Alle Übungen.
- Qi Gong im Gehen.
- Tai Chi.

Bluterkrankungen

Eisenmangelanämie

Dies ist die am häufigsten vorkommende Anämie, die durch einen Eisenmangel im Blut gekennzeichnet ist. Die Ärzte für TCM sagen, dass sie durch Unterernährung oder eine Dysfunktion der Milz verursacht wird; diese Faktoren können zu inneren Blutungen führen und eine Anämie entstehen lassen.

Beschwerden

Lippen, Nägel, Haut und Bindehaut der Augen werden blass, der Patient ist müde und schnell erschöpft. Benommenheit, verminderte Sehkraft, Ohrensausen, schlechtes Gedächtnis, Übelkeit, Durchfall, Herzklopfen, Kurzatmigkeit können auftreten.

Qi-Gong-Übung

Führen Sie die »Innere ernährende Übung« (siehe S. 46 ff.) im Sitzen und Liegen aus. Wählen Sie die erste Atemtechnik (siehe S. 50), und sammeln Sie sich auf den Dan Tien.

Ergänzende Übungen

- »Belebende Übung«: Im Schneidersitz mit natürlicher Atmung und Sammlung auf den Dan Tien.
- Tai Chi.
- Übung im Gehen.

Perniziöse Anämie

Diese Störung entsteht durch einen Mangel an Vitamin B_{12} und Folsäure. Sie tritt häufig während der Schwangerschaft oder nach der Entbindung auf.

Beschwerden

Der Betroffene leidet an Erbrechen, Durchfall, Faulecken, Entzündungen der Zunge und der Nervenenden.

Qi-Gong-Übung

Führen Sie dieselben Übungen aus, die bei Eisenmangelanämie empfohlen werden. In diesen Fällen ist eine Substitution von Vitamin B_{12} und Folsäure angezeigt!

Ergänzende Übungen

Führen Sie auch hier dieselben Übungen aus, die bei Eisenmangelanämie empfohlen werden.

Störungen des Nervensystems

Neurasthenie (nervöse Erschöpfung)

Neurasthenie wird durch langanhaltende Übermüdung und Erschöpfung verursacht, ebenso durch tiefen Kummer, seelische Verletzungen oder durch ein über längere Zeit geführtes erschöpfendes, unregelmäßiges Leben. In den letzten Jahren leiden auch immer mehr Jugendliche an einer Kombination von depressiver Erschöpfung.

Beschwerden

Kopfschmerzen, Benommenheit, Schlaflosigkeit, Alpträume, Amnesie, Niedergeschlagenheit, Depression, Kummer, Sorgen, schlimme Vorahnungen. Der Betroffene ist erregt, übertrieben argwöhnisch und kann an Allergien leiden.

Qi-Gong-Übung

Führen Sie die »Belebende Übung« (siehe S. 54 ff.) im Sitzen oder Stehen aus, atmen Sie tief und ruhig, und konzentrieren Sie sich auf den Dan Tien.

Schwache Personen, die an schwerer Schlaflosigkeit, an Benommenheit und Herzklopfen leiden, üben in Rücken- oder Seitenlage mit angewinkelten Beinen. Kräftigere Personen, deren Störung nicht so ausgeprägt ist, können sowohl im Sitzen als auch im Stehen üben.
Ändern Sie aber sofort die Stellung, wenn Sie dabei Herzklopfen oder Schwindelgefühle bekommen.
Im Allgemeinen brauchen Sie mögliche Nebenerscheinungen nicht zu beachten. Der Neurastheniker neigt in seiner Ängstlichkeit eher dazu, kleineren Symptomen zu viel Aufmerksamkeit zu schenken. Die hier empfohlenen Qi-Gong-Übungen sind in jedem Falle vollkommen ungefährlich.

Ergänzende Übungen

- »Innere ernährende Übung«: Im Sitzen oder Liegen mit der zweiten Atemtechnik (siehe S. 51).
- Fitness-Übung: Die ganze Bewegungsfolge oder eine Auswahl der Bewegungen.
- Entspannungsübung: Führen Sie die Entspannungsübung einige Minuten vor Beginn der »Belebenden Übung« aus.
- Inneres Tai Chi.
- Tai Chi.

Psychische Störungen

Dazu gehören eine Reihe neurotischer Erkrankungen, die vor allem aufgrund von seelischen Verletzungen in der Kindheit oder im Erwachsenenalter auftreten; entgegen der landläufigen Meinung sind nicht nur Frauen, sondern Angehörige beider Geschlechter betroffen.

Beschwerden

Anfallsartiges Lachen und Weinen, unaufhörliches Gerede oder Singen, lange Schweigephasen, gelegentlich hysterische Lähmungen und Blindheit. Die oben genannten Symptome sind nur bei schweren Störungen anzutreffen und relativ selten.
Personen, die eine hysterische Triebstruktur haben, gibt es häufig: Sie zeichnen sich vor allem durch eine lebhafte Selbstbezogenheit aus. Wie

die Neurastheniker neigen sie dazu, mögliche, harmlose Symptome, die durch Qi Gong hervorgerufen werden können, überzubewerten. Das geschieht jedoch nicht wie bei ersteren aus einer Ängstlichkeit heraus, sondern eher, um sich interessant zu machen. Daher empfehle ich Therapeuten, solchen Personen gegenüber keinerlei mögliche Symptome zu erwähnen. Sie werden nämlich sonst noch lebhafter und farbiger produziert, als Sie sie geschildert haben.

Qi-Gong-Übung

Der Patient führt die »Belebende Übung« (siehe S. 54 ff.) aus, um innerlich zur Ruhe zu kommen.

Ergänzende Übungen

- »Innere ernährende Übung«: Im Sitzen oder Liegen, mit natürlicher Atmung. Wiederholen Sie dabei innerlich ein wohltuendes Wort. Personen mit psychischen Störungen neigen dazu, sich ganze, komplizierte Sätze zurechtzulegen, die für die innere Übung völlig ungeeignet sind. Ein Wort genügt!

Nervöse Magen- und Darmbeschwerden

Diese Störung entsteht aufgrund einer Dysfunktion des zentralen Nervensystems und Stress und zeigt sich in Fehlfunktionen der gastrointestinalen Sekretionen und Bewegungen, die sehr mannigfaltig sein können.

Beschwerden

Anders als beim neurasthenischen Syndrom leidet der Betroffene an Magenschmerzen, Bauchschmerzen, abdominalen Spannungen, Durchfall, Blähungen, saurem Aufstoßen, Übelkeit, Erbrechen und Aufstoßen.

Qi-Gong-Übung

Führen Sie die »Innere ernährende Übung« (siehe S. 46 ff.) mit der zweiten Atemtechnik (siehe S. 51) aus, und zwar im Sitzen oder Liegen.

Ergänzende Übungen

- Fitness-Übung: Bauchmassage, Zungenkreisen, Befeuchten des Mundes mit Speichel.
- Inneres Tai Chi: In derselben Stellung wie die »Innere ernährende Übung«.
- Tai Chi.
- Übung im Gehen.
- Hui Chun Gong.

Herzneurose

Obwohl die Herzneurose eine funktionelle Störung ist, wird sie dennoch von Herzarrhythmien begleitet.

Beschwerden

Der Betroffene leidet an häufigem Herzklopfen, an Kurzatmigkeit und Erschöpfung. Diese Symptome treten besonders nach Stress oder Aufregung auf, auch bestimmte Wetterverhältnisse können eine Rolle spielen. Die Betroffenen wirken meist ziemlich ängstlich und besorgt wegen ihrer Erkrankung.

Qi-Gong-Übung

Führen Sie die »Belebende Übung« (siehe S. 54 ff.) im Sitzen aus, und atmen Sie dabei ruhig.

Ergänzende Übungen

- »Innere ernährende Übung«: Mit der ersten Atemtechnik (siehe S. 50) und Sammlung auf den Dan Tien.
- Entspannungsübung.
- Inneres Tai Chi: In derselben Stellung wie die »Belebende Übung«, mit natürlicher Atmung und Sammlung auf den Ming Men.
- Tai Chi.
- Übung im Gehen.
- Hui Chun Gong.

Folgen eines Schlaganfalls

Die Ursachen dafür sind Verletzungen oder Blockierungen der Arterien im Gehirn oder Halsbereich, wodurch die Blutzirkulation behindert wird.

Beschwerden

Nach einem Schlaganfall erleidet der Patient häufig eine halbseitige Lähmung, durch die die Gesichtszüge verzogen werden. Auch das Sprechen fällt schwer. Diese Symptome können andauern und gelten als Folgeerscheinungen des Schlaganfalls. Wenn es sich um einen sehr ernsten Fall handelt oder sich die Behandlung verzögert oder schlampig durchgeführt wird, kann es zu einer lebenslangen Behinderung kommen.
Lange und geduldig ausgeführte Qi-Gong-Übungen und Akupunktur können jedoch in vielen Fällen helfen.

Qi-Gong-Übung

Der Patient führt die »Belebende Übung« (siehe S. 51 ff.) im Sitzen aus, er atmet natürlich und sammelt sich auf den Dan Tien.

Ergänzende Übungen

- Fitness-Übung: Eine Auswahl der Bewegungen, die den speziellen Gegebenheiten des Patienten entsprechen.
- Inneres Tai Chi: Dieselbe Stellung wie bei der »Belebenden Übung« mit Sammlung auf den Yong-Quan-Punkt (siehe S. 74) im mittleren Teil der Fußsohle, wenn der Patient an hohem Blutdruck leidet. Ist der Blutdruck zu niedrig, so sammelt er sich auf den Ming Men.
- Übung im Gehen (Patienten, die gehen können).
- Tai Chi (ebenfalls nur für Patienten, die sich selbstständig bewegen können).

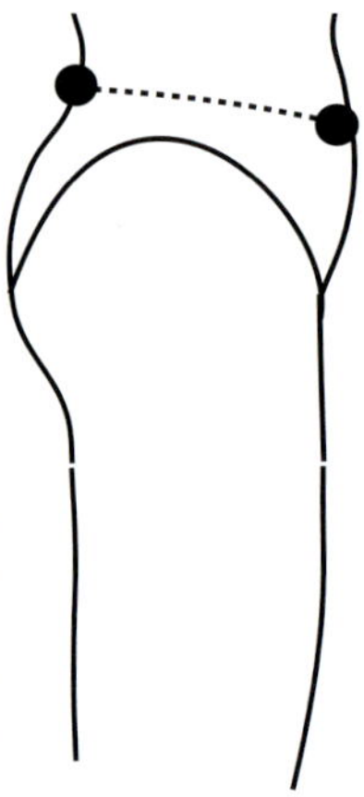

Ming Men liegt am Rücken in der Mitte der Wirbelsäule, genauer in der Taille

Nervöse Schwerhörigkeit

Diese Störung wird durch eine Dysfunktion der Nerven verursacht.

Beschwerden

Die Funktion des Gehörs ist in einem bestimmten Ausmaß eingeschränkt.

Qi-Gong-Übung

Führen Sie die »Innere ernährende Übung« (siehe S. 46 ff.) im Liegen oder Sitzen aus, verwenden Sie die erste Atemtechnik (siehe S. 50) und konzentrieren Sie sich auf den Dan Tien.

Ergänzende Übungen

- Belebende Übung: In derselben Stellung wie die »Innere ernährende Übung« mit ruhiger Atmung und Sammlung auf den Dan Tien.
- Fitness-Übung: Ohrmassage, Himmelstrommeln.
- Inneres Tai Chi: In derselben Stellung wie bei der »Inneren ernährenden Übung« mit natürlicher Atmung und Sammlung auf den Ming Men.
- Qi Gong im Gehen.
- Tai Chi.

Spannungskopfschmerzen

Dieser Schmerz entsteht durch Anspannung, Stress oder seelische Probleme, die dazu führen, dass sich die Kopf- und Halsmuskulatur verspannt; die Arterien dehnen sich aus oder ziehen sich zusammen, bis Kopfschmerzen entstehen. Diese Art von Kopfschmerzen ist sehr verbreitet, sogar Schulkinder sind schon davon betroffen. Sie entsteht aufgrund von Sorgen, Spannungen, Stress und Übermüdung.

Beschwerden

Anhaltende Schmerzen im Kopf oder Nacken, oft begleitet von Spannungsgefühl und Benommenheit.

Qi-Gong-Übung

Führen Sie die »Belebende Übung« (siehe S. 54 ff.) im Sitzen aus, und sammeln Sie sich auf den Dan Tien.

Ergänzende Übungen

- Entspannungsübung.
- Inneres Tai Chi: In derselben Stellung wie die »Belebende Übung« mit natürlicher Atmung.
- Fitness-Übung: Augenübung, Ohrenmassage, Gesichts- und Nackenmassage, Schultermassage, Armschwingen.
- Qi Gong im Gehen.

INFO

Eine Nackenmassage, bei der an die seitlichen, schmerzenden Dornfortsätze der Wirbel gedrückt wird, ist besonders hilfreich.

Störungen der Atemwege

Chronische Bronchitis

Die chronische Bronchitis ist in erster Linie eine Wintererkrankung, die nach einer Erkältung oder durch das Einatmen von Staub oder anderen Reizstoffen entsteht. Wenn Lungen und Milz geschwächt sind, ist der Körper für diese Erkrankung empfänglich. Akute Bronchitis kann später in eine chronische Bronchitis übergehen und ist eine häufige Erkrankung älterer Leute.

Beschwerden

Husten, Schleimspucken, Atemnot.

Qi-Gong-Übung

Führen Sie die »Innere ernährende Übung« (siehe S. 46 ff.) im Sitzen und Liegen aus, wenden Sie die zweite Atemtechnik (siehe S. 51) an, und sammeln Sie sich auf den Dan Tien. Personen, die an einem Druckgefühl in der Brust leiden und nach Luft schnappen müssen, üben im Liegen mit einem größeren Kissen im Rücken. In solchen Fällen üben Sie in Rücken- oder Seitenlage mit angewinkelten Beinen. Kräftigere Personen üben im Sitzen oder Stehen.

Ergänzende Übungen

- Tai Chi.
- Qi Gong im Gehen.

Bronchialasthma

Diese Erkrankung des Respirationstraktes ist durch anfallartig auftretende Atemnot gekennzeichnet. Die Anfälle entstehen aufgrund einer Überempfindlichkeit gegenüber Nahrungsmitteln, Staub, Federn oder Medikamenten. Auch innere Ursachen wie Entzündungen oder eine bestimmte Konstitution können zur Entwicklung von Asthma beitragen. Allerdings können die Anfälle auch von der Stimmungslage oder vom Wetter beeinflusst werden.

Beschwerden

Leichter Husten, Spannungsgefühl im Brustkorb, Kurzatmigkeit, Keuchen, Fieber, Erschöpfungsgefühl. In ernsten Fällen wird gelber Schleim abgehustet.

Qi-Gong-Übung

Führen Sie die »Innere ernährende Übung« (siehe S. 46 ff.) im Sitzen oder Liegen aus, und verwenden Sie die zweite Atemtechnik (siehe S. 51). Wenn Sie an heftiger Atemnot leiden, können Sie die »Belebende Übung« (siehe S. 54 ff.) ausführen und versuchen dabei ganz ruhig zu atmen. Das »Innere Tai Chi« (siehe S. 78 ff.) kann in halb liegender Stellung durchgeführt werden.

Ergänzende Übungen

- Entspannungsübung: Im Sitzen oder Liegen mit Sammlung auf den Dan Tien.
- Fitness-Übung.
- Tai Chi.

INFO

Mit diesen Qi-Gong-Techniken lassen sich akute Bronchitis, Lungenemphysem und Lungenentzündung behandeln.

Störungen des Urogenitaltraktes

Schwäche der männlichen Sexualorgane

Solche Beschwerden entstehen nach chinesischer Auffassung infolge einer Nierenschwächung. Daher ist es wichtig, die Nieren am Rücken warm zu halten!

Beschwerden

Häufige Samenergüsse, Benommenheit, Schwindel, Nervosität, Kurzatmigkeit, Lustlosigkeit, Erschöpfung, Gedächtnisschwäche, Impotenz.

Qi-Gong-Übung

Führen Sie die »Innere ernährende Übung« (siehe S. 46 ff.) im Sitzen aus, und verwenden Sie die erste Atemtechnik (siehe S. 50). Sie können auch die »Belebende Übung« (siehe S. 54 ff.) wählen und dabei ruhig atmen.

Ergänzende Übungen

- Fitness-Übung: Massage des Dan Tien, des Rückens, der Fußsohlen, Rumpfkreisen.
- Inneres Tai Chi: Mit Sammlung auf den Ming Men.
- Erwärmungen des Ming Men mit heißen Auflagen.

INFO

Diese Übungen stellen auch bei der Behandlung von Prostatitis und Ejaculatio praecox eine wirksame Heilmaßnahme dar. Medizinisch gesehen ist Ejaculatio praecox eine irreführende Bezeichnung für die unbefriedigende Kontrolle des Mannes über den Zeitpunkt seines Orgasmus, das heißt, beim Geschlechtsverkehr kommt die Ejakulation unbefriedigend früh. Der Samenerguss ist jedoch nur eine Begleiterscheinung des Orgasmus und nicht das eigentliche Problem. Die Kontrolle über den Samenerguss kann durch geeignete Übungen und Therapie gelernt und verbessert werden. Dasselbe gilt für Impotenz, die verschiedene Ursachen hat und in vielen Fällen durch Psychotherapie und geeignete Übungen behoben werden kann, sofern nicht medizinische Ursachen vorliegen.

Qi Gong bei sexueller Schwäche

Diese Übung stellt eine wirksame Maßnahme zur Behandlung und Vorbeugung sexueller Schwäche bei Männern dar. Sie sollte morgens und abends ausgeführt werden.

Legen Sie sich mit einem Kissen unter dem Kopf hin, und sammeln Sie sich innerlich auf den Dan Tien. Reiben Sie die Handflächen aneinander, bis sie warm sind. Dann legen Sie die Finger Ihrer rechten Hand auf den linken Handrücken, und lassen Sie die linke Handfläche auf dem Nabel ruhen. Reiben Sie das Nabelgebiet 36-mal im Uhrzeigersinn und 36-mal gegen den Uhrzeigersinn.

Anschließend stehen Sie auf und legen die Fingerspitzen beider Hände auf die Mitte des Brustbeins in Höhe der Brustwarzen. Führen Sie die Finger in einer drückenden Abwärtsbewegung den Bauch hinunter, bis sie seitlich neben dem Dan Tien angelangt sind. Kehren Sie dann die Bewegungsrichtung um, und massieren Sie sich wieder hinauf zum Ausgangspunkt auf dem Brustbein. Wiederholen Sie diesen Vorgang 36-mal. Anschließend halten Sie die Hoden mit beiden Händen und ziehen sie hoch. Massieren Sie die Hoden zuerst mit der linken und dann mit der rechten Hand, jeweils 81-mal.

Qi Gong bei Impotenz

Nehmen Sie eine bequeme sitzende oder stehende Haltung ein. Lassen Sie Ihre Gedanken vorbeiziehen, und entspannen Sie den ganzen Körper. Berühren Sie mit der Zungenspitze den Gaumen, und versuchen Sie, sich in tiefe Meditation zu versenken. Atmen Sie langsam und tief, stellen Sie sich dabei vor, dass der Atem von der Nase durch die Mitte der Brust hinunter zum Dan Tien sinkt. Gleichzeitig ziehen Sie die Ringmuskulatur des Afters langsam hoch und spannen sie an. Stellen Sie sich vor, dass die Energie von dieser Stelle aus nach oben steigt und mit dem Atem am Dan Tien zusammentrifft.
Atmen Sie nun langsam aus, und lenken Sie dabei die Luft vom Dan Tien durch die Brust und dann zur Nase heraus. Gleichzeitig entspannen Sie die Aftermuskulatur und lenken dabei die Energie vom Dan Tien zum Perineum (Dammgebiet) hinunter.

Eine andere Technik bei Impotenz

Sammeln Sie sich in tiefer Meditation innerlich auf den Dan Tien. Spüren Sie, wie dieses Gebiet nach und nach warm wird. Lenken Sie diese Energie vom Dan Tien zum Ming-Men-Punkt, der auf dem Rücken gegenüber dem Nabel liegt, und richten Sie Ihre Aufmerksamkeit auf den Ming Men. Wenn Sie spüren, dass dieses Gebiet warm wird, konzentrieren Sie sich auf das Perineum (Dammgebiet). Lenken Sie die Energie von da wieder zum Dan Tien zurück, und beschließen Sie so die Übung.

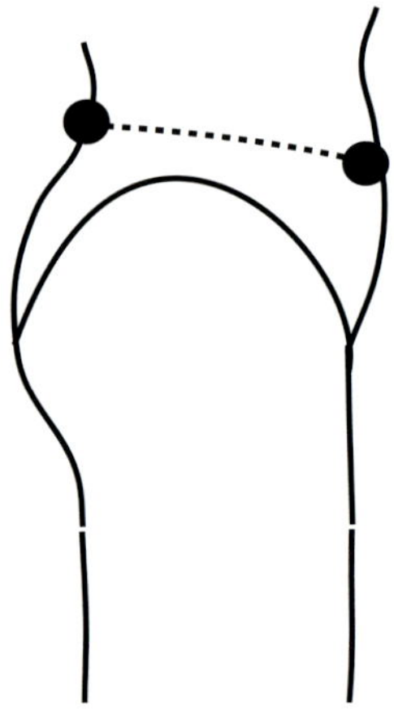

Sie bilden einen Kreis, der senkrecht von Ming Men nach unten zum Damm und dann wieder hinauf zu Dan Tien geht

Atmen Sie ein paar Minuten lang ganz natürlich, dann reiben Sie die Handflächen so lange aneinander, bis sie warm sind. Streichen Sie sich mit den Händen über das Gesicht und die Ohren, und stehen Sie langsam auf.

INFO

Diese beiden Techniken können Sie abwechselnd morgens und abends üben. Die erste Technik sollte nicht länger als einhundert Atemzüge lang ausgeführt werden, die zweite Technik darf länger geübt werden. Eine halbe Stunde vor und nach dem Essen sollten Sie nicht üben. Solange Sie diese Übungsreihe ausführen, sollten Sie Ihre sexuellen Aktivitäten einstellen. Die Wirkung der Übung tritt etwa nach einem Monat ein.

Gynäkologische Störungen

Infektion des Beckens

Diese Erkrankung ist sehr häufig; sie entsteht aufgrund einer bakteriellen Infektion und befällt Eileiter und Eierstöcke. Wird die akute Krankheit nicht sorgfältig ausgeheilt, so kann sie chronisch werden.
Viele Frauen leiden unter diesen Problemen und finden kaum Hilfe in der Schulmedizin.

Beschwerden

Bauchschmerzen, abdominale Spannungen, Kreuzschmerzen, leicht erhöhte Temperatur, Benommenheit, Kopfschmerzen, Erschöpfung, Schlaflosigkeit, Appetitlosigkeit, Ohrensausen, Verstopfung.

Qi-Gong-Übung

Führen Sie anfänglich die »Innere ernährende Übung« (siehe S. 46 ff.) im Liegen aus, und gehen Sie später zur sitzenden Position über. Es kann sowohl die erste als auch die zweite Atemtechnik (siehe S. 51) angewandt

werden. Die Aufmerksamkeit ist auf den Dan Tien gerichtet. Schwache Frauen, die an Rücken- und Bauchschmerzen leiden, üben in Rückenlage. Sie können dabei die Beine anwinkeln und die Fußsohlen auf die Unterlage stellen. Wenn die Erkrankung nicht akut ist, kann im Sitzen oder im Stehen geübt werden.
Die beste Behandlungsmethode für chronische Störungen ist hier das Hui Chun Gong (siehe S. 88 f.). Es wird nur im Stehen geübt und zeigt schon nach kurzer Zeit – wenigen Tagen oder Wochen – Erfolge. Allerdings darf diese Übung erst angewandt werden, wenn der akute Zustand vorüber ist.

Ergänzende Übungen

- Entspannungsübung: Richten Sie Ihre Aufmerksamkeit auf das erkrankte Gebiet, und entspannen Sie sich fünf bis zehn Minuten.
- Fitness-Übung: Bauchmassage, Rückenmassage. Massieren Sie vor allem das Kreuz und die Fußsohlen, Rumpfkreisen. Bei Schmerzen massieren Sie 50-mal die Oberschenkel.
- Inneres Tai Chi.

INFO

Sollten Sie an einer akuten Erkrankung oder an Schmerzen leiden, schränken Sie Ihre körperlichen Aktivitäten ein. Üben Sie im Liegen, wenn die Periode bevorsteht und Sie eine starke Blutung erwarten. Richten Sie Ihre Aufmerksamkeit während dieser Zeit auf die Mitte des Brustbeins, wo der Shan-Zhong-Punkt (siehe S. 53) liegt. Frauen, deren Periode zu spät kommt oder die an Amenorrhoe leiden, sammeln sich auf den Dan Tien.

Unregelmäßige Blutungen

Diese Störung wird meist durch eine Fehlfunktion der Eierstöcke verursacht und führt zu unregelmäßigen Blutungen.

Beschwerden

Blutungen außerhalb der Periode, Benommenheit, Kreuzschmerzen, Kreislaufstörungen, Schwindel, Schwäche.

Qi-Gong-Übung

Führen Sie die »Belebende Übung« (siehe S. 54 ff.) liegend oder halb liegend aus. Die Atmung ist ruhig und tief, die Aufmerksamkeit ist auf den Shan-Zhong-Punkt (siehe S. 53) gerichtet.

Ergänzende Übungen

- Fitness-Übung: Vorsichtige, wärmende Massage von Kreuz und Bauch, vorsichtiges Rumpfkreisen.
- Inneres Tai Chi.

Amenorrhoe

Bei dem Ausbleiben der monatlichen Regelblutung unterscheidet man eine physiologische und eine pathologische Amenorrhoe. Nicht selten liegen psychische Gründe vor, und die Regel bleibt nach einem seelischen Schock oder Kummer aus. Auch stärkere Veränderungen des Körpergewichts führen zu Amenorrhoe.

Beschwerden

Die Regelblutung ist bis zum 18. Lebensjahr noch nicht eingetreten (meist organische Ursachen); die Regel bleibt länger als vier Monate aus, wenn sie zuvor regelmäßig war und keine Schwangerschaft besteht; Amenorrhoe ist verbunden mit Lustlosigkeit, Herzklopfen, Kurzatmigkeit, Benommenheit, Ödemen, Verstopfung; die Patientin ist psychisch überempfindlich oder gereizt.

Qi-Gong-Übung

Führen Sie die »Innere ernährende Übung« (siehe S. 54 ff.) im Sitzen aus, atmen Sie ruhig, und sammeln Sie sich auf den Dan Tien. Bei dieser Art von Störung sind auch die Bewegungsübungen des Hui Chun Gong (siehe S. 88 f.) sehr wirksam, da das hormonelle System durch sie stark angeregt und stimuliert wird.

Ergänzende Übungen

- Inneres Tai Chi: Richten Sie in sitzender oder halb liegender Position Ihre Aufmerksamkeit auf das Perineum (Dammgebiet).
- Tai Chi.
- Fitness-Übung: Bauchmassage, Kreuzmassage, Wirbelsäulenmassagen, Rumpfkreisen.
- Qi Gong im Gehen.

Dysmenorrhoe

Die schmerzhafte Regelblutung ist sehr häufig, sie entsteht aufgrund einer Verdickung der Uterusschleimhaut, durch eine Vorwärtsverlagerung der Zervix und nervalen Störungen im Uterusbereich. Weitere Ursachen sind hormonelle Störungen oder vegetative Dystonie.

Beschwerden

Bauchschmerzen vor und während der Menses.

Qi-Gong-Übung

Führen Sie die »Innere ernährende Übung« (siehe S. 46 ff.) sowohl im Sitzen als auch im Liegen aus. Verwenden Sie die zweite Atemtechnik (siehe S. 51), und sammeln Sie sich dabei auf den Dan Tien. Auch hier ist aus den Bewegungsformen der energetischen Therapie das Hui Chun Gong (siehe S. 88 f.) das Mittel der Wahl. Schon nach kurzer Übungszeit sind die Beschwerden wesentlich gebessert und nach Wochen ganz und gar verschwunden.

Ergänzende Übungen

- Fitness-Übung: Rückenmassage, Kreuzmassage, Massage der Fußsohlen, Rumpfkreisen.
- Inneres Tai Chi.

Hals-Nasen-Ohren-Beschwerden

Akute und chronische Tonsillitis

Die Mandelentzündung oder Angina entsteht aufgrund bakterieller Infektionen (Streptokokken) oder durch bestimmte Virusinfekte. Kinder werden bei Wetterumschwüngen schnell davon betroffen. Manchmal folgt sie als Komplikation nach einer Operation im Nasenbereich.

Beschwerden

Halsschmerzen, Kopfschmerzen, Müdigkeit, Appetitlosigkeit, in akuten Fällen auch Fieber. Wird die chronische Tonsillitis nachlässig behandelt, so können Komplikationen wie Mittelohrentzündung, Rheuma oder akute Nephritis (Nierenentzündung) entstehen.

ACHTUNG!

Eine gefürchtete Komplikation bei chronischer Tonsillitis ist eine toxische Schädigung des Herzens. Aus diesem Grund empfehle ich die Selbstbehandlung nur unter Aufsicht eines Arztes oder Heilpraktikers. Es gibt sicher wirkende homöopathische Medikamente, in schweren Fällen sind jedoch Antibiotica nötig!

Qi-Gong-Übung

Führen Sie die »Belebende Übung« (siehe S. 54 ff.) im Sitzen aus, atmen Sie ruhig, und sammeln Sie sich auf den Dan Tien.

Ergänzende Übungen

- Entspannungsübung: Konzentrieren Sie sich dabei zehn Minuten lang auf die Mandeln.
- Leichte nach unten ziehende Massage des seitlichen Halses, um den Lymphfluss und den Abtransport toxischer Stoffe zu erleichtern.
- Fitness-Übung: Zungen kreisen, Befeuchten des Mundes mit Speichel, Schlucken des Speichels.

Ohrensausen (Tinnitus)

Diese Störung entsteht infolge einer Überbelastung, Störungen des Nervensystems, der Halswirbelsäule und des Kiefergelenks oder durch Stress und ist sehr schwer zu behandeln. Es ist nötig, sehr lange und regelmäßig zu üben. Auch der Nacken, die Schultern und Arme werden durch die entsprechenden Übungen entspannt. Wenn es nach einiger Zeit zu einer inneren Tiefenentspannung der Hals- und Nackenmuskulatur kommt, können die Ohrengeräusche verschwinden. In schweren Fällen sind Infusionen oder Chirotherapie nötig.

Beschwerden

Hohe Ohrengeräusche, Summen und Brummen im Ohr, Rauschen.

Qi-Gong-Übung

Führen Sie die »Innere ernährende Übung« (siehe S. 46 ff.) im Liegen und im Sitzen aus, und wählen Sie die erste Atemtechnik (siehe S. 50).

Ergänzende Übungen

- Entspannungsübung.
- Übung im Gehen.
- Fitness-Übung: Ohrenmassage, Nackenübung, Schultermassage, Armschwingen.

Menière-Krankheit

Beim so genannten Drehschwindel handelt es sich um eine Erkrankung des Innenohrs.

Beschwerden

Akute Schwindelanfälle mit Übelkeit, Erbrechen und Ohrensausen.

Qi-Gong-Übung

Führen Sie die »Innere ernährende Übung« (siehe S. 46 ff.) im Liegen aus. Dazu wählen Sie die zweite Atemtechnik (siehe S. 51) und sammeln sich auf den Dan Tien.

Ergänzende Übungen

- »Belebende Übung«: Führen Sie die Übung morgens und abends mit ruhiger Atmung aus.
- Fitness-Übung: Rückenmassage, Massage des Dan Tien, Massage der Fußsohlen, Nackenübung, Schultermassage, Armschwingen.

Augenerkrankungen

Glaukom

Diese Störung wird durch ein funktionelles Ungleichgewicht der Gehirnrinde verursacht, das zu erhöhtem Augendruck und pathologischen Veränderungen im Auge führt. Außerdem zeichnet sie sich durch einen erhöhten Augeninnendruck aus.

Beschwerden

Sehtrübungen, Spannung und Druckgefühle im Auge; der Betroffene kann im Frühstadium einen Regenbogen um eine Lichtquelle sehen; später verschlechtert sich die Sicht, das Gesichtsfeld wird eingeengt, das Auge reagiert nur schwach auf Licht. Im fortgeschrittenen Stadium verschlechtert sich die Sicht zunehmend, das Gesichtsfeld wird eingeengt. Bestimmte Stimmungslagen können Augenschmerzen, Kopfschmerzen, Übelkeit, Erbrechen und Schlaflosigkeit hervorrufen.

Qi-Gong-Übung

Führen Sie die Entspannungsübung (siehe S. 82 f.) im Liegen aus. Neben der Entspannungsübung, die morgens und abends im Bett ausgeführt werden kann, ist die wichtigste Übung »Qi Gong im Gehen«. Achten Sie darauf, dass Sie mit der Hand die blutdrucksenkende, herabdrückende Bewegung machen (siehe S. 86), und üben Sie ein- bis zweimal täglich 20 Minuten lang.

Ergänzende Übungen

- Fitness-Übung: Übung für die Augen, Himmelstrommeln, Massage der Zonen zwischen Auge und Ohr.

Qi Gong bei Kurzsichtigkeit

Diese Übung hilft bei Kurzsichtigkeit und verbessert die Sehkraft. Versuchen Sie innerlich ruhig zu werden. Legen Sie die Zeigefinger leicht auf die Nasenspitze, die Daumen platzieren Sie unter dem Kinn. Falten Sie dann die Hände, und sehen Sie die Zeigefinger an der Nasenspitze an (siehe Abb. 26). Fixieren Sie die Zeigefinger zwei bis drei Sekunden lang an. Danach sehen Sie auf einen kleineren, etwa 20 Meter entfernten Gegenstand, bis Sie ihn einigermaßen deutlich sehen können. Danach fixieren Sie wieder Ihre Nasenspitze.
Die drei- bis fünfmalige Wiederholung dieses Vorgangs bildet eine Abfolge. Entspannen Sie die Augen einige Minuten lang, wenn Sie eine Abfolge durchgeführt haben. Die tägliche Übung besteht aus drei Abfolgen.

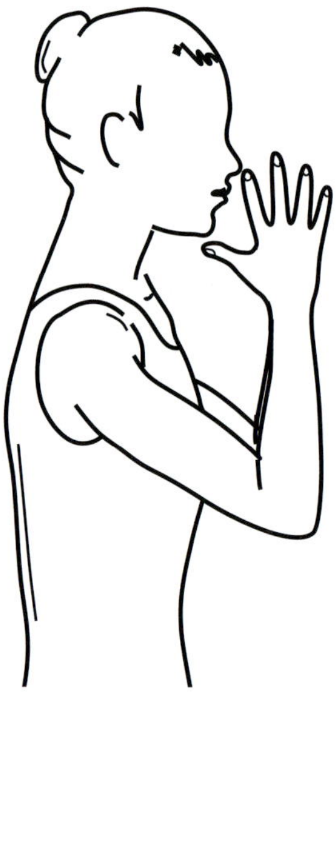

***Abb. 26:** Qi Gong stärkt müde und schwache Augen. Berühren Sie in dargestellter Weise mit den Zeigefingern Ihre Nasenspitze, und fixieren Sie für einige Sekunden Ihren Blick auf Ihre Zeigefingerspitze*

Konzentrieren Sie sich innerlich auf die Übung, und achten Sie darauf, sanft und ruhig zu atmen. Ein paar tiefe und entspannende Atemzüge vor Beginn der Übung tun gut und bereiten Sie auf die meditative Phase vor. Halten Sie den Atem keinesfalls an, und starren Sie nicht allzu lange auf die Nasenspitze, sonst kann es zu Augenreizungen kommen. Diese Übung ist leicht auszuführen, sie überanstrengt die Augen nicht und bereitet keinerlei Schmerzen oder Unbehagen.
Diese Technik ist einfach und leicht auszuführen. Um Erfolg zu haben, ist es jedoch nötig, kontinuierlich zu üben, dann wird die Augenschwäche verschwinden und die Sehschärfe sich verbessern.

Allgemeine Sehstörungen und Augenschwäche

Beschwerden

Verminderte Sehkraft, Augenflimmern, wechselnde Sehschärfe.

Qi-Gong-Übung

Der Patient führt die »Innere ernährende Übung« (siehe S. 46 ff.) im Sitzen, Liegen oder Stehen aus, er wählt die zweite Atemtechnik (siehe S. 51) und sammelt sich auf den Dan Tien.

Ergänzende Übungen

- Fitness-Übung: Übung für die Augen, Massage der Fußsohlen.
- Entspannungsübung.
- Tai Chi.
- Trinken Sie einen Kräutertee, der die Leber entlastet, denn die Chinesen wissen, dass eine überlastete Leber zu Augenproblemen führen kann. Verzichten Sie eine Zeit lang auf Alkohol!

INFO

Wenn diese Übungen geduldig und regelmäßig durchgeführt werden, stellen sie eine wirksame Maßnahme zur Behandlung von Augenproblemen dar.

Qi Gong für die Augen

Im mittleren Lebensalter verändern sich meistens die Augen – es lohnt sich daher, regelmäßig folgende Bewegungsübung durchzuführen. Auch Personen, die viel studieren, lesen oder am Computer arbeiten müssen, profitieren von dieser Übung. Bei wirklich geduldiger und regelmäßiger Übung können sich die Augen stark verbessern, sogar ein Astigmatismus kann dadurch zum Verschwinden gebracht werden.

- Auf- und Abwärtssehen: Schließen Sie die Augen, und blicken Sie innerlich jeweils sechsmal auf und ab. Dann üben Sie dasselbe sechsmal mit offenen Augen. Koordinieren Sie Ihren Atem mit den Augenbewegungen: Atmen Sie beim Aufwärtssehen ein und beim Abwärtssehen aus. Das sechsmalige Auf- und Abwärtssehen mit geschlossenen und offenen Augen zählt als eine Übungsabfolge. Üben Sie jeweils sechsmal.
- Nach rechts und links sehen: Schließen Sie die Augen, und sehen Sie innerlich von links nach rechts und von rechts nach links, jeweils sechsmal. Üben Sie dasselbe mit offenen Augen. Sechsmaliges Üben bildet auch hier eine Übungsabfolge, also üben Sie jeweils sechs Abfolgen.
- Schrägsehen von der oberen linken zur unteren rechten Ecke: Schließen Sie die Augen, und blicken Sie innerlich von der oberen linken Ecke zur unteren rechten Ecke und dann von der unteren rechten Ecke wieder zur oberen linken Ecke, und zwar jeweils sechsmal. Üben Sie dasselbe mit geöffneten Augen. Atmen Sie ein, wenn Sie die Augen von der oberen linken Ecke zur unteren rechten Ecke bewegen, atmen Sie aus, wenn Sie die Augen in die entgegengesetzte Richtung bewegen. Üben Sie jeweils sechsmal.
- Schrägsehen von der oberen rechten Ecke in die untere linke Ecke: Schließen Sie die Augen, und sehen Sie von der oberen rechten Ecke hinunter zur unteren linken Ecke und umgekehrt. Üben Sie das sechsmal. Wiederholen Sie sechsmal dieselbe Übung mit offenen Augen. Üben Sie jeweils sechsmal.
- Kreisen im Uhrzeigersinn: Schließen Sie die Augen. Bewegen Sie die Augäpfel kreisförmig im Uhrzeigersinn, beginnen Sie mit der linken Seite. Üben Sie dasselbe sechsmal mit geöffneten Augen. Atmen Sie ein, wenn Sie die Augen von links nach oben bewegen, atmen Sie aus, wenn Sie die Augen von rechts nach unten bewegen. Üben Sie jeweils viermal.
- Kreisen gegen den Uhrzeigersinn: Schließen Sie die Augen. Bewegen Sie die Augäpfel kreisförmig gegen den Uhrzeigersinn, beginnen Sie

links. Wiederholen Sie die Bewegungen sechsmal mit geöffneten Augen. Atmen Sie ein, wenn Sie die Augen von links nach unten bewegen, atmen Sie aus, wenn Sie die Augen von rechts nach oben bewegen. Üben Sie jeweils viermal.

- Geradeaussehen: Suchen Sie sich ein entferntes Objekt aus, wie zum Beispiel einen Baum oder ein Haus, und fixieren Sie dieses Objekt mit den Augen. Atmen Sie dabei ganz natürlich, und zählen Sie innerlich Ihre Atemzüge: eins, zwei, drei ...
- Öffnen und Schließen: Suchen Sie sich ein entferntes Objekt, und fixieren Sie es mit den Augen. Schließen Sie dann die Augen; öffnen Sie sie wieder, schließen Sie die Augen erneut, und öffnen Sie sie wieder. Atmen Sie ein, wenn Sie die Augen öffnen, und atmen Sie aus, wenn Sie die Augen schließen. Das einmalige Öffnen und Schließen der Augen bildet eine Abfolge; üben Sie 16-mal.

Abschließend lassen Sie Ihre Augäpfel ganz langsam in alle Richtungen kreisen. Spüren Sie die Widerstände, die Schmerzen, und vergleichen Sie die Besserung an jedem neuen Übungstag.

Sie können diese acht Augenbewegungen im Sitzen oder Stehen üben. Achten Sie beim Stehen darauf, dass die Füße etwa schulterbreit auseinander stehen, machen Sie die Knie locker, sodass sie leicht gebeugt sind, und legen Sie die Hände auf den Dan Tien. Wenn Sie im Sitzen üben, so achten Sie darauf, gerade zu sitzen. Legen Sie die Hände auf die Knie, entspannen Sie sich dabei, und versuchen Sie innerlich zur Ruhe zu kommen. Atmen Sie während der Augenübungen ganz sanft und ohne sich anzustrengen, und vermeiden Sie, den Atem anzuhalten. Es ist gar nicht so leicht, während der Übung nur sanft und natürlich zu atmen, denn die Augenbewegungen sind anfangs nur mühsam durchzuführen und manchmal sogar schmerzhaft.

Wenn Sie eine Weile geübt haben, können die Augen prickeln und tränen, das ist ein ganz normaler Vorgang. Reduzieren Sie die Anzahl der Übungen, wenn Ihnen dabei schwindelig wird; und versuchen Sie, sich weniger anzustrengen.

Die Augenübungen sind eine einfache und praktische Methode zur Behandlung von Sehproblemen. Sie können jederzeit und überall üben. Wenn Sie fleißig sind, können Sie in zwei Monaten bemerkenswerte Erfolge erzielen.

Anhang

Literaturverzeichnis

Chia, Mantak / Chia, Maneewan: *Tao Yoga der heilenden Liebe*, Ansata-Verlag 1990

Hackl, Monnica: *Jung und schön mit Hui Chun Gong*, Hugendubel-Verlag 2002

Schillings, Astrid / Hinterthür, Petra: *Qi Gong – Der fliegende Kranich*, Windpferd Verlag 2005

Qi-Gong-Bücher in Englisch:

Dong, Paul / Esser, Aristide: *Chi Gong, The Ancient Chinese Way To Health*, Paragon House 1990

Lam, Kam Chuen: *The Way of Energy*, Gaia 1991

Yang, Jwing-Ming: *The Root of Chinese Chi Kung*, YMMA 1989

Register

Vita

Monnica Hackl, Jahrgang 1947, ist Expertin auf dem Gebiet des asiatischen Verjüngungs- und Gesundheitssystems sowie klassischer Naturheilverfahren. Sie betreibt eine eigene Praxis für Akupunktur, chinesische Medizin, Homöopathie, NLP sowie klassische Naturheilverfahren wie Bach-Blütentherapie. Seit 1996 ist sie ausgebildete *Master Time-Line-Therapy Practioner.*

Monnica Hackl ist Autorin zahlreicher Bücher, hält Workshops und Seminare für Ärzte, Heilpraktiker und Therapeuten in Naturheilkunde.

Toyo & Petra Kobayashi

T'ai Chi Ch'uan

Ein praktisches Handbuch zum Selbststudium

140 Seiten, Festeinband, ISBN 3-89631-339-8

T'ai Chi Ch'uan ist ein traditionelles chinesisches System von Übungen, das auf der Philosophie des Tao, dem Yin und Yang beruht. Es besteht aus fließenden, harmonischen Bewegungen, die auf langsame Weise, ohne Anstrengung, ausgeführt werden. T'ai Chi Ch'uan eröffnet den Weg zu natürlicher Gesundheit, Beweglichkeit und innerer Ausgeglichenheit. Toyo und Petra Kobayashi, die sich seit Jahren praktisch mit T'ai Chi Ch'uan beschäftigen und ihr Wissen in Kursen an Interessierte weitergeben, vermitteln in ihrem Buch theoretische Aspekte und bieten anschauliche Übungsanleitungen.

IRISIANA

Qingshan Liu

Qi Gong

Der chinesische Weg für ein gesundes, langes Leben

160 Seiten, Festeinband, ISBN 3-89631-414-9

Qingshan Liu, chinesischer Arzt und Meister und international renommierter Qi-Gong- und T'ai Chi-Experte, bietet hier eine umfassende Einführung in Theorie und Praxis der chinesischen Energiefluss-Übung Qi Gong. Sie erhöht die körperliche, seelische und geistige Flexibilität, Belastbarkeit und Leistungsfähigkeit und stärkt die Selbstheilkraft. Detaillierte Beschreibungen der Bewegungsabläufe und ihrer spezifischen Wirkung – ein Buch für Anfänger und Fortgeschrittene.

IRISIANA

Yang- Soon Park

Gesünder leben mit TCM

Eine Einführung in die Grundlagen der Traditionellen Chinesischen Medizin

144 Seiten, Broschur, ISBN 3-7205-2552-X

TCM für Einsteiger!
Die klassische *Traditionelle Chinesische Medizin* ist seit Jahren fester Bestandteil der alternativen Medizin: Doch was genau ist *TCM* und wie funktioniert diese Heilmethode? Die koreanische Expertin Yang-Soon Park setzt dort an, wo die Humanmedizin endet: Neben der Einführung in den kultur-geschichtlichen Hintergrund beschreibt sie, wie sich mit Hilfe traditioneller Anwendungen wie Zungen-, Puls- und Irisdiagnose, Akupunktur und Heilkräutern körperliche und seelische Beschwerden und energetische Blockaden lösen lassen. Anhand zahlreicher Fallbeispiele ermöglicht sie Laien einen leicht verständlichen Zugang in die ganzheitliche Vorgehensweise dieser Behandlungsform, die in Kombination mit Naturheilkunde die sanfte Genesung von Körper und Geist ermöglicht!

IRISIANA

Dieter Scherer

Ayurveda für Gesundheit und Schönheit

Der einfache Weg zu persönlichem Wohlbefinden für jeden Tag

132 Seiten, Broschur, ISBN 3-7205-2363-2

Im Einklang mit den eigenen Energien leben – darin liegt das Geheimnis von Gesundheit, Schönheit und Wohlbefinden. Der Ayurveda-Experte Dieter Scherer vermittelt die unverfälschten Prinzipien dieser sanften und effektiven Heilkunst auf leichte und unkomplizierte Weise: mit Checklisten für jeden Konstitutionstyp, wertvollen Tipps für Haut- und Körperpflege, ayurvedischen Rezepten und zahlreichen Ratschlägen für kleine Alltagsbeschwerden.

Ein einfaches und anschauliches Praxisbuch zum traditionellen Ayurveda für Ihre Gesundheit und Schönheit.

IRISIANA